潜入取材、全手法

調査、記録、ファクトチェック、執筆に訴訟対策まで

横田増生

角川新書

まえがき――潜入取材の技術は強力な護身術となる

外面でなく本当の姿を描ける方法

私には夢がある。

それは、いつの日か、日本に潜入記者が一〇人、いや一〇〇人生まれることだ。

彼らが企業や政治家の事務所、芸能界まで深く潜行し、世の中で知られていない事実を暴き出す。そんなスペシャリストが一〇〇人も活躍するようになれば、日本の社会も山椒《さんしょう》が効いたようにピリッと引き締まるだろう。

不正な会計処理で系列会社から巨額の賭博代《とばくだい》を引っ張り出すボンボン経営者、外部の医師から相談があったにもかかわらず何カ月も公表せず健康被害を拡大させた企業、違法なカネで票を買う政治家、未成年の少年少女を食い物にする芸能関係者、女性へのセクハラ行為を働きながらも口裏を合わせて揉《も》み消そうとする組織――。

そういった人でなしの周りにジャーナリストが身分を隠し、目を光らせ、悪事をすっぱ抜いたときの衝撃は計り知れない。

日本の社会が、もしかしたら潜入記者が周りにいるかもしれないと意識するようになると、不正行為や不祥事への抑止力になる。そんな専門家が日本で一〇〇人も活躍するようになれば、社会に心地よい緊張感が生まれてくるはずだ。

もちろん、潜入でなくとも取材はできる。けれども、書かれることが前提の取材となると、相手はできるだけいい人に書いてもらおうと努める。書かれることが前提ならば、誰だって取り繕う部分があっても不思議ではない。

そうした姿もウソではないが、その人の表層的な一面にすぎず、どうしても美化したものとなる。つまり、外面《そとづら》だ。

しかし、取材とは告げずに、その人の行動や言動を至近距離から観察したらどうなるだろう。正面からの取材とは別の側面が見えてくることがある。外面の下に隠された本当の姿までが表れてくることがある。その人の飾らない姿が浮き彫りになるのが潜入取材の魅力であり威力でもある。

潜入取材の過程でウソはご法度

私自身は成り行きから潜入取材をはじめた。あとで詳述するが、その当時、参考にしたのは、鎌田慧《かまたさとし》が書いた『自動車絶望工場』。トヨタ自動車の組み立て工場への潜入記だ。

その本を何度も読みながら、アマゾンの物流センターで働き、『潜入ルポ　アマゾン・ドット・コムの光と影』を書いたのは二〇年ほど前のこと。

その直前に書いた本で取材費を使い果たし、手元不如意となっていた。ノンフィクションの本は書きたいが、取材費はない。

アマゾンで時給をもらいながら、本が書けるのならそれもありか、と思って手探りではじめた。もちろん、ノウハウもなければ、問い合わせる伝手《つて》も持ち合わせていなかった。

その後、宅配業界を取材するとき、ヤマト運輸と佐川急便に潜入取材した。名誉毀損裁判の後で、ユニクロから取材拒否をされたため、名前を変えてユニクロでも一年働いた。

国内だけではない。アメリカの大統領選では、トランプ陣営のボランティアとして働き『「トランプ信者」潜入一年』を書いた。

何度かの潜入取材を経て、さまざまなノウハウを体得してきた。私が潜入をはじめる前に知っていればよかったと思う知識がだんだんと蓄積されてきた。

この本は、潜入取材をはじめる前の私を思い出し、自分自身に指南書を書くことを想定している。知っておくと役に立つだろう、という知識をできるだけ詰め込む。

その一例を挙げると、名前の問題がある。

私が、もし潜入取材を繰り返すことがわかっていれば、ペンネームで書きはじめていた。

潜入取材の難関は、相手企業や組織にこちらの身分が露見することなく潜入する点だ。その入り口が最大の関所となる。

私の人相によって、潜入記者であることを見破られたことは、これまで一度もない。テレビやユーチューブの番組にも、多少は出演することがあるのだが、人はそんなことを記憶にとどめてはいない。顔バレするには、毎日のようにテレビに出ていることが条件となる。

しかし、名前は簡単にバレる。

私は二〇二二年の沖縄県知事選で、自民党陣営にボランティアとして潜入しようとした。事務所に通い続けて三日目にこう言われた。

「明日も来るのなら、駐車場を使えるように登録しますので、名前と住所を書いてください」

通い詰めたことが認められたと喜んだのも束の間、すぐに事務局長の名刺を持つ男性が私の前に飛んできた。

「横田さんって、アマゾンやユニクロに潜入している方ですよね」

ネットで名前を検索したのだという。

事前に、住所は那覇《なは》市内に移していたが、名前を変える時間はなかった。潜入取材であることが露呈しないようにと願ってはいたが、沖縄での県知事選挙で飛び込みの内地人のボランティアは悪目立ちしすぎたようだ。

偽名を使えばいいだろう、もしあなたがそう思ったとしたなら、そうした安直な考えを捨てない限り潜入取材をモノにすることはできない。何かと色眼鏡で見られることの多い潜入取材の過程において、ウソは一つたりとも滑り込ませてはいけないのだ。

顔バレすることはないが、このように、名前を検索されると一発でアウトになる。ところが、もし私がペンネームで書いていれば、本名と潜入取材がつながることなく、自民党陣営に潜り込めていたはずだ。

もしあなたが、これからのジャーナリスト人生において潜入取材を多用したいと考えるなら、ペンネームで書きはじめることを強く勧める。そうすれば、潜入時にあなたの意図に気づかれることなく、取材に邁進《まいしん》できるだろう。

潜入取材といえば、男性ジャーナリストが貧民窟《ひんみんくつ》やドヤ街に潜り込み社会の矛盾を暴くといったイメージがあるかもしれない。たしかにそれは一面で正しい。明治時代の『最暗黒の東京』や『日本の下層社会』などがその代表例だ。

だがしかし、女性が書いた潜入物もたくさんある。

日本なら、作家の幸田《こうだ》文《あや》が芸者置屋の女中として働き『流れる』を書いた。フランスのシモーヌ・ヴェイユは『工場日記』を著し、アメリカのフェミニストであるグロリア・スタイネムは『プレイボーイ・クラブ潜入記』を書いた。日本において、明治から昭和にかけて、女性記者による潜入取材が広く行われていた事実は『明治大正昭和 化け込み婦人記者奮闘記』に詳しい。

今日《こんにち》の日本で、女性ジャーナリストが真っ先に潜入すべきは、エステ業界ではなかろうか。「全身脱毛六カ月0円」などという広告は、怪しさの極致である。ネット通販の送料無料と比べても、エステ業界のいかがわしさは際立っている。

〝0円広告〟でどうやって客をおびき寄せ、どれぐらいの金を巻き上げるのか。接客マニュアルはあるのか。施術をめぐるトラブルはないのか。合法的な労働環境となっているのか。疑問は尽きることがない。

男性には容易に足を踏み入れることができないが、女性であれば、明日からでも働けそうなエステ業界への潜入はお勧めだ。

正しい情報処理のノウハウを身に付ける

無限にあるように思える潜入先ではあるが、潜入しない方がいいところもある。

一つは宗教団体。潜入取材のつもりが宗教にどっぷりはまり込んで、ミイラ取りがミイラになる恐れがある。もう一つは違法組織。オレオレ詐欺を含む特殊詐欺集団や麻薬の密売などの犯罪行為に加担してしまえば、それを文章として発表することは難しくなるからだ。

潜入取材には、クリアすべき点も多々ある。

潜入した先の企業で「アルバイトとして知り得たことはすべて機密情報になりますから、社外に漏らすと罰せられます」と言われたらどうしたらいいのか。

面接などの重要な会話を録音するとき、相手の承諾を得ず秘密裏に録音することは法律に触れるのか。

高額な名誉毀損裁判で訴えられそうな場合、どういった点に気を付ければ、自分の身を守りながら取材と執筆ができるのか。

名誉毀損などの罪で懲役三年の刑を受けた暴露系ユーチューバーのガーシーこと東谷義和《ひがしたによしかず》と、名誉毀損裁判で勝訴する調査報道の違いはどこにあるのか。

潜入先での日々の作業に埋没することなく、書く準備をするにはどうやってメモを取って素材を集めればいいのか。

集めてきた膨大な素材をもとにどうやれば書籍としてまとめることができるのか。

本書では、潜入取材と執筆に絡んでくるこうした疑問にできるだけ丁寧に、実践例を挙げながら答えていく。

こうした取材技術は、潜入取材で役立つのはもちろんのこと、会社でパワハラを受けている人などが自分の身を護《まも》るために使うことだってできる。正しい情報処理のノウハウを身に付けることは、ブラック企業対策ともなり、現代社会における強力な護身術ともなり得る。

もしタイムマシーンがあれば、潜入取材をはじめる前の私自身に、この本を届けたい。しかし、それは叶《かな》わないので、次世代のジャーナリストにこの本を託して潜入取材のバトンを渡すことにする。一人でも多くのジャーナリストに潜入取材という大海原に舟を漕《こ》ぎだしてほしい。

目次

第一章　いかに潜入するか

黎明期のアマゾンの物流センターで働く

書名に潜入と入った本を何冊か書いた今となっては、〈ジャーナリスト〉という肩書より、〈潜入記者〉の方が通りがいい場面が増えてきた。

初めて潜入取材をして本を書こうと思った理由は金欠だった。『潜入ルポ　アマゾン・ドット・コムの光と影』が二〇〇五年に生まれたのは、取材資金が底を突いたからである。

物流業界紙の記者だった私がフリーランスのジャーナリストとなって最初に取り組んだのは、アメリカの全五〇州を車で回り、各州で日本と縁《ゆかり》のある人を取材して日米の草の根の交流を描くことだった。

根拠もなくこの企画は大当たりする、と私は思い込み、スポンサーもなく、バックアップしてくれる出版社や雑誌社もなく、一年間の取材を自費で賄った。『アメリカ「対日感情」紀行』として最初の本を出すことはできたが、収支としては大赤字で終わる。

これで自己資金は底を突いた。

次はどうやって本を書こうかと思っている時に、業界紙時代の仲間から声がかかった。

「本が一段落ついたのなら、久しぶりに物流の話を書いてみないか」

とにかく仕事をしなければいけないとの思いから、安請け合いをしたのだが、送られてきた雑誌の最新号に目を通すうちに、だんだん自信がなくなってきた。久しぶりに読んでみると、話についていけない。数年のブランクの間に、物流業界も大きく様変わりしていた。

しかし、せっかく声をかけてもらったのに、それを断ってしまっては次に進めない。そこで考えたのが、物流現場への潜入取材だった。

物流現場でアルバイトとして働きながら、その日常業務やアルバイト仲間との交流を書くのなら、最新の業界知識がなくとも原稿が書ける。

はじめは、週に二日ほどを物流現場でのアルバイトに費やして月に一本の体験記を書き、残りの時間を次の本を書く準備にあてようと思い、働く先を探し始めた。

コンビニで求人誌をめくっていると、ある広告に目が留まった。まだ当時は、ネットの求人が今ほど普及していなかったのだ。

「内容・倉庫内での梱包《こんぽう》及び軽作業」、「給与・時給九〇〇円」、「勤務地・市川塩浜《いちかわしおはま》のアマゾン商品センター内」。

自宅の最寄り駅から電車で一五分のところにある、アマゾンの物流センターがアルバイトを募集していた。

「これはおもしろい」と、私は思った。

これなら週二日どころか、毎日働いてもいい。業界誌の記事だけでなく、これで本も書けるのではないか。瓢簞《ひょうたん》から駒が出てきたような気持ちで、何度も広告を読み返した。

業界紙時代の経験から、アマゾンが秘密主義の会社であるのを知っており、かつ通販企業にとって物流センターは独自のノウハウが詰まった場所であることはわかっていた。潜入取材は、秘密主義や建前主義の会社や団体などの内情を暴くのに効果的な手段なのだ。

広告を読み返しながら、さらに思い出していたのは、大学生時代に読んだ『自動車絶望工場』だった。ルポライターの鎌田慧が一九七〇年代、トヨタ自動車の期間工として六カ月間働いた体験をもとに書かれた潜入ルポだ。アマゾンに潜入したら、『自動車絶望工場』のような本が書けるのではないか。

当時も今も、大企業であるトヨタ自動車を礼讃する記事や書籍は少なくない。しかし、巨大な利益を生み出す経営的に見れば優れた企業であることと、働く場として快適であるかとは別の話だ。その企業の製品や商品は買うけれど、自分は働きたくない、自分の子どもを働かせたくはないという企業が存在する。そこで期間工という労働現場の最底辺に潜り込み、下から見上げることで、労働者の視線から〝優良企業〟の別の姿を活写する。

ベルトコンベアーのスピードが労働者を支配するトヨタの生産ラインで働いた鎌田慧は、こう書いている。

「労働者は機械ですらない。機械的な動きを強いられた人間であり、機械より安くて、取り換えが簡単な部品であり、もっと簡単にいえば、使い捨てられる電池なのだ。古くなれば充電もきかなくなる」

もし私が、アマゾンの物流の現場作業だけにとどまらず、現在の出版業界が抱える問題や、労働問題にまで話を広げることができるのなら、一冊の本が書ける。

労働問題については、高度成長期の七〇年代に書かれたトヨタ自動車の生産現場と、ネットバブルに踊った二〇〇〇年代のＩＴ企業の労働環境を比較することができればいい。

そう考えると、「朝日新聞」の記者だった本多勝一《ほんだかついち》が同書に書いた解説が私の頭に浮かんできた。

妥協のないルポを書くには、経済的・精神的独立が何よりの前提でありながら、フリーランスの記者にはそれを手に入れるのが難しい。ならば鎌田慧のように、取材を生活そのものにすることで、何物にも拘束されない経済的手段を手に入れることができる、と指摘していた。

賃金収入が生じる企業への潜入取材は、取材資金が限られた若手のフリーランスのジャーナリストには、もってこいの手法である、ということだ。

これは当時の私にピタリと当てはまった。

アマゾン・ドット・コムは今でこそ、日本で知らない人はいないネット通販サイトに成長し、世界経済を牽引《けんいん》するアメリカの巨大ＩＴ企業群ＧＡＦＡ《ガーファ》の一角を占めるまでになっている。

九四年にアメリカ西海岸で創業したアマゾン・ドット・コム。九〇年代後半から二〇〇〇年にかけ、同社の株価が高騰したことが、ネットバブルを引き起こす一因ともなった。しかし、当時は赤字経営が続いていたため、資金繰りが悪化し、倒産寸前にまで追い込まれていた。

アマゾンが日本に進出したのは、株式市場でのアマゾンへの風向きが追い風から逆風に転じる二〇〇〇年のこと。上陸早々に、日本からの撤退さえもウワサされていた。

私が市川塩浜の物流センターで働きだしたのは、本業で黒字が出始め、ようやく乱気流から脱出し、経営が安定し始めた頃にあたる。当時の日本での売上高は推定で約五〇〇億円となり、物流センターは一カ所だけだった。直近の売上高は三兆六〇〇〇億円超で、日本全国に三〇カ所近い物流センターを構える現在のアマゾンとは隔世の感がある。

まだ海のものとも山のものとも知れなかったアマゾンの物流センターで、私は午前八時から午後五時まで、週五日間働いた。期間は、鎌田慧がトヨタ自動車で働いた期間に倣って六カ月間とした。

アマゾンへの潜入以降、私が取材方法として多用してきた潜入取材とはどのような手法だろう。

一言で言うと、取材相手に身分を明かさず、労働者や組織の一員として潜り込んで取材をして、そこでの体験をもとにノンフィクションの記事や書籍を発表すること、となる。

こうした手法は、発表報道に対し、調査報道に含まれる。時間をかけて潜入して、事実を掘り起こしてくる。一般に報道されていることとは違うことや、今まで報道されてこなかったことを探してくる。発表報道に比べると時間がかかる。さらに、潜入したからといって、はじめから報道に値するものが見つかるという保証もない。迂遠《うえん》でリスクの高い取材方法だと言えるだろう。

七〇年代の代表作としては鎌田慧の『自動車絶望工場』のほかに、ノンフィクションライターの堀江《ほりえ》邦夫《くにお》が三カ所の原発の下請け会社を渡り歩いて書いた『原発ジプシー』、「朝日新聞」の記者である大熊《おおくま》一夫《かずお》がアルコール依存症を装い患者として精神科病院に入院した『ルポ・精神病棟』などがある。

日本の潜入取材の嚆矢《こうし》ともいえるのは、明治時代に「国民新聞（現・東京新聞）」の記者である松原《まつばら》岩五郎《いわごろう》が書いた『最暗黒の東京』だ。そのあとに、横山源之助《よこやまげんのすけ》が著した『日本の下層社会』などがつづいた。

一九世紀終わりの恐慌時代における貧民窟の生活環境は劣悪だった。

日雇い労働者たちが暮らす木賃宿に泊まった松原岩五郎は、蚊や蚤《のみ》、シラミの総攻撃に遭いながら一睡もできないようすを、こう書いている。

「ただ夜もすがら眠い目をこすりつつ首筋を打ち、脇の下をさすり、背中をなで回し足の裏をかき、左へ座し、右へ転じ、起きて見て寝て見て、あるいは立ち上がり、衣を振るい、精神は朦朧として不快は限りなく、眠ろうと思っても寝付かれず、ごろごろして一夜を明かす」(現代語訳・上河内岳夫《かみこうちたけお》)

格差社会の負の側面を描くことは、終戦直後の混乱期にもつづけられた。

「朝日新聞」の記者である永井萠二《ながいほうじ》は一九四八年一月、ひげもそらず、顔も洗わず、オンボロ外套《がいとう》に身をやつし、上野《うえの》の地下道に沈み込み、「週刊朝日」に「ルンペンとともに一週間」を著している。一〇〇〇人以上ものホームレスでごったがえす地下道は、「息づまる悪臭と熱気とざわめき」で、なかなか寝付けるものではなかった、と書き残している。

「毎日新聞」の記者だった大森実《おおもりみのる》は四九年、ホームレス施設対策として作られた岡山県立の路上生活者の収容施設に、朝鮮半島からの引き上げ者に偽装して潜り込んだ。

そこは、更生施設とは名ばかりで、餓死と隣り合わせの虐待が横行していた死獄だった。収容者は、逃亡を防止するため、夜は厳冬でも裸にさせられ、毛布一枚に雑魚寝《ざこね》。一日に、大根の葉に米粒を探すのがやっとという雑炊一杯だけが与えられ、毎日一人か二人は栄養失調や疥癬《かいせん》で死んでいく。

大森の決死の潜入取材によるスクープのおかげで、死獄の実態が明るみに出て、岡田更生館の館長らは懲役刑を受ける。

潜入記は男性だけの専売特許ではない。

まえがきにも書いた通り、文筆家の平山亜佐子《ひらやまあさこ》が書いた『明治大正昭和　化け込み婦人記者奮闘記』は、日本において女性ジャーナリストによる豊潤な潜入取材の歴史があったことを詳述している。

数多くの女性記者が行商人や高級料亭の仲居、絵画のモデルとして、〝化け込ん〟で記事をものにしていることがわかる。

その平山はこう書く。

「（引用者注・男性記者による）スラムルポは多分に社会へ訴えかける使命感があるのに対し、婦人記者の化け込みは境遇に同情しつつもエンタメ要素が強い」

女性の潜入記の先駆者である「大阪時事新報」の記者の下山京子《しもやまきようこ》は、ある貴族院議員の屋敷への化け込みでこんな話を仕入れてくる。

その老議員の「娯楽《たのしみ》というとお妾さまだがも、ねーんじう好いお齢《とし》であらっせるのに、十七八のお妾を拵《こさ》えてよ―彼処《あそこ》へ連れて行ったり此処《ここ》へ連れて行ったり、膝を枕にしたり抔《など》してなも、ホヽヽヽ」

こうした潜入記が読まれた理由を平山はこう書く。

「よそゆき顔の訪問記と違い、化け込みには本音がある、真がある。この単純さは老若男女の別なく楽しめるのである」

日本で女性による潜入記といえば、まえがきで触れた幸田文の『流れる』のほかにも、作家の中村《なかむら》うさぎが五〇歳を手前にして「ああ、お願い。誰か、私に欲情して」という焦燥感を抱き、自分の女としての価値を確認するために歌舞伎町《かぶきちょう》のデリヘル嬢として働いた体験を記した『私という病』があり、その内容には鬼気迫るものがある。

書き手のバックグラウンドも、問題意識も、時代背景も異なる潜入ルポだが、低い視線から取材対象に素手で挑み、時間をかけて、どこにも書かれていない事実を掬《すく》い上げようとする点で一致する。

もちろん、潜入取材だけが調査報道ではない。調査報道の先駆けとされる米「ワシントン・ポスト」紙のウォーターゲート事件や金権政治の田中角栄《たなかかくえい》を倒した立花隆《たちばなたかし》、それにリクルート問題を追及した「朝日新聞」や、北海道警察の汚職事件を暴いた「北海道新聞」などは、潜入という手法を用いていない。潜入取材は、調査報道の一部に含まれる手法なのだ。

トヨタとアマゾンを隔てる決定的な違いは希望の有無

アマゾンの物流センターの潜入取材の時に、私が担当したのは、注文書に従って本を棚から取ってくるピッキング作業だった。一分に三冊探してくるというノルマを課せられ、中学校の体育館ほどの敷地を歩き回った。ピッキング作業の最初と最後には、パソコンにログインするため、一回あたりの作業効率が数値として表示される。たとえば、「今回のスピード一・二冊／分」と出れば、目標に達していないのだから、もっとスピードを上げよ、という意味になる。一日八時間、黙々と歩く。

そんな単純作業を繰り返したとしても、いったい何が分かるというのか、と訝《いぶか》る向きもあるだろう。

以下に私が見つけてきたことのいくつかを挙げよう。

その一つは、アマゾンのアルバイトの秒刻みでの労務管理に加え、フリーロケーションといわれる物流センター内の在庫管理だ。本を扱う物流センターではそれまで、商品は書名の五十音順や出版社別、ジャンル別に分けられ、そこから探してくることが多かった。

しかし、アマゾンの物流センターでは、棚に設けられた二〇センチほどの間仕切りの中に、てんでばらばらに本が並んでいる。コミックや語学書、児童書やポルノ本までまったく脈絡なく保管されていた。

どうしてこうした商品管理が可能になったのだろうか。

アマゾンでは、物流センター内にネット回線を張り巡らせて、本を棚に入れる際、本のバーコードと棚のバーコードを読み込み、それをホストコンピュータに送り、本の位置を管理するからだ。この保管方法の最大のメリットは、空いている場所があれば、何をどこに保管してもいいため、棚入れの作業が簡単となり、しかもスペースを有効に使うことができる点にある。当時は画期的なことだった。

もう一つ見つけたのは、アマゾンが出版社と直取引《じかとりひき》を行っていることを示す納品書だった。本は通常、出版社⇒取次⇒書店という流れで届けられる。この中間の取次をすっ飛ばすのが直取引だ。日本上陸直後から、アマゾンは自らの利益を増やすため、この取次を省いて、出版社との直取引に乗り出すのではないか、といわれていた（現在は、アマゾンと直取引する出版社が増えてきている）。

ピッキング作業中の私は、箱単位で納入された本の段ボール箱の中から直取引の証拠となる納品書を見つけた。そこには〈ほぼ日刊イトイ新聞〉を運営する東京糸井《いとい》重里《しげさと》事務所が出版した『言いまつがい』を、返品なしの買い切りを条件に五〇冊を掛け率六五％でアマゾンに販売する、と書いてあった。〈ほぼ日刊イトイ新聞〉とは、コピーライターの糸井重里が立ち上げたウェブ媒体で、当時は連載企画から生み出した本がヒット作となっていた。東京糸井重里事務所は、その本を販売する新興の出版社という立ち位置だ。

本を掛け率六五％でアマゾンに販売するということは、書店であるアマゾンの取り分は三五％となる。

出版業界における通常の取り分は、出版社が七〇％、取次が八％、そして書店が二二％──という比率だ。しかし、『言いまつがい』の直取引では、この比率が大きく崩れる。こうした動きは、微妙なバランスの上に成り立ってきた出版流通にとって蟻《あり》の一穴となり、それまでの仕組みを瓦解《がかい》させることになるかもしれない。このような不安が業界内にあった。私が見つけた納品書は、その不安を裏付けるものだった。

本の流通においては、全体で四割前後という高い返品率が業界を苦しめてきた。だが、同時に、取次が物流機能だけでなく金融機能も果たし、返品まで受け入れることで、業界の裾《すそ》野《の》が広がってきたことも事実だ。

返品率の高さと、書店の取り分の低さを改善することは、出版業界にとって喫緊の課題となっていた。その解決策の一つとして模索されたのが取次の中抜きだった。けれども、業界のしがらみが強いこれまでの老舗《しにせ》の書店では難しい。アマゾンはそこに風穴を開け、書店と直取引をするのではないか、と見られていた。

直取引は何ら法に触れることではない。しかし、それまでの出版流通の業界秩序を乱す行為とみなされていた。

この点について、潜入取材後に東京糸井重里事務所へ取材すると、「『言いまつがい』を値引き販売しても構いません」という担当者の答えが返ってきた。

さらに訊《き》いていくと、こう言われた。

「私たちは、出版社であることにこだわっていません。今回は、出版社の形を借りて、取次の仕事までしてみただけです。それも実験です。それに売れない本は作らないから大丈夫です」

売れない本は作らないと言い切るとは、なんて無邪気なんだろう、と思いながら私は聞いていた。

この潜入取材の当初の目的だった労働問題については、いったい何が分かったのか。

半年のアルバイト生活で見えてきたのは、アマゾンが砂を噛《か》むような味気のない職場であることだった。私はこう書いた。

「トヨタの工場が『絶望工場』たりえたのは、当時はまだそこに〝希望〟があったからにほかならない。おそらくそれは、工員でもいいから大企業の社員となれば一生家族を養っていくことができる、という希望だ。アマゾンのような職場にはそんな希望さえ求めることは難しい。この希望の有無こそが、トヨタとアマゾンを隔てる決定的な違いである」

全体像を知る

潜入記をより実りのあるものにするために重要となってくるのが、潜入している企業や、その企業が属している業界を十分に知ることだ。ただ働いただけの体験記では、物見遊山の域を出ない。

自分の体験を一冊だけ書き残すには、それでもいいかもしれない。だが、潜入取材を取材の一つの手法として確立しようと考えるのなら、入念な準備が必要だ。

アマゾンならアマゾンという企業について、また出版流通業界や労働問題について調べる必要がある。関連書籍を読んで大枠をつかみ、新聞や雑誌記事を読み、最新事情を知る。また、決算情報を集めて、経営状態を分析する。書き手に明確な問題意識が不可欠となる。

私自身、アマゾンへの潜入取材をはじめると、すぐにアマゾン関連や出版流通関連などの本を読み出した。さらに、雑誌記事については、雑誌専門図書館である〈大宅《おおや》壮一《そういち》文庫〉に行き、関連記事をコピーして専用のファイルを作った（現在は国会図書館でも〈大宅壮一文庫〉の検索機能が使えるため、雑誌記事の収集は、もっぱら国会図書館で行っている）。

現場の労働体験記にプラスして、潜入した企業の動向や、それが業界に与える影響などを書き込む。下からの掬い上げる視線に、全体を上から俯瞰《ふかん》する視線を加えることによって、より重層的、かつ多層的な読み物が出来上がってくるからだ。

現場で作業をしていると日々、数多くの雑多な情報に接するのだが、それがどれほど重要であるかという判断は、企業や業界の全体像を知ったうえでないと下せない。フリーロケーションも、直取引を示す納品書も、ただ単に作業をしているだけなら、その意味が分からずに、見落としてしまう可能性もある。実りの多い本にできるかどうかは、どれだけ正しい判断が下せるのかにかかっている。

結果として、『潜入ルポ アマゾン・ドット・コムの光と影』は四刷まで売れた。出版業界を扱った本であっただけに、販売部数以上に、出版業界で私の名前が売れることにつながった。本を読んだ大手出版社の役員からアマゾンについて聞かせてくれ、という問い合わせもあったり、のちの本の執筆の依頼にもつながった。私がフリーランスのジャーナリストとして独り立ちできた本といえる。

企業は平気でウソをつく

次に潜入取材を行ったのは、その一〇年後に出版した『仁義なき宅配』を書いたときだ。

世界的に見ても高水準のサービスレベルを誇る日本の宅配業界における苛烈《かれつ》な競争と、そこで疲弊していく労働者について描く。当初は正面玄関からの正攻法を考えていた。

宅配業界のトップであるヤマト運輸の広報部に取材を申し込み、企業のトップやドライバーを含む労働者にも話を聞いて、本を書こうと思った。はじめは潜入する気はなかったのだ。

ところが、ヤマト運輸は当初、私の取材を徹底的に避けようとした。

このヤマト運輸とのやり取りは、企業がどういう姿勢で取材を受け、また拒絶しているのかを知ることができる挿話となるだろう。

私がヤマト運輸に取材を申し込みに行ったとき、同社の広報担当者は私にこう言った。

「クール問題のみそぎが済むまで取材は受けられない。あと一年ぐらいは無理だろう」

クール問題とは、私が取材を始める前年の二〇一三年、稼ぎ頭であるクール宅急便で、ずさんな温度管理をしていたことが表面化して、社長が陳謝し、全社を挙げて改善する再発防止策を打ち出すことに追い込まれた不祥事を指す。そのクール問題の解決の道筋がつくまで取材を一年間待ってほしい、というのだ。

一見もっともらしく聞こえる話だが、果して本当だろうか。

その日、私が手にしていた「日経新聞」の一面トップに、「ヤマト一斉値上げへ　法人向け、物流も脱デフレ」という記事が載っていた。記事は、クール宅急便の温度管理の問題にも触れ、宅急便の単価を引き上げないと、温度管理を含むサービス品質が保てないという、ヤマト運輸の抱く危機感について言及されていた。

クール問題のみそぎが済むまで私の取材を受けないということと、この記事が載っていることとは矛盾しないのかと問うと、「この記事は『日経新聞』が周辺取材をして独自に書いた記事だ」という答えが返ってきた。

けれども、翌日の「日経新聞」にも「ヤマト値上げ、社長に聞く　品質向上へ理解訴え」というインタビュー記事が載った。つまり、あと一年は取材を受けられないというのは、私の取材を断る口実でしかない。

企業は平気でウソをつくのだ。

ヤマト運輸が私の取材を断った理由は、労働問題を含め、触れられたくない部分があったからだ。企業は本能的に、自分たちの書いてほしいことを書いてくれる媒体や書き手と、自分たちが触れられたくないことまでずかずかと踏み込んでくる書き手とを嗅《か》ぎ分けて、対応を変える。自分たちの筋書きに沿って書いてくれるところを優遇する一方で、嫌なことを書く可能性がある書き手は、徹底して遠ざける。

私はと言えば、『潜入ルポ　アマゾン・ドット・コムの光と影』では、物流センターの抱える労働問題について指摘し、直前に出版した『ユニクロ帝国の光と影』では、ユニクロの成長の影の部分として、国内外でのサービス残業の実態を暴いていた。企業からすると、遠ざけておきたい書き手の一人だろう。これまでと同様の姿勢でヤマト運輸について書くならば望ましくない、という防衛本能がヤマト側に働いた。

しかし、本は書かなくてはならない。

さてどうしよう。

正面取材を断られたあとも、細い線をたどってヤマト運輸の取材を続けていたが、全体像が見えてこない。群盲象を撫《な》でる、というか、隔靴掻痒《そうよう》の状態に陥っていた。

そこで、ヤマト運輸が取材の前年に鳴り物入りで稼働させた〈羽田《はねだ》クロノゲート〉という宅急便の巨大仕分け拠点にアルバイトとして潜り込むことにした。

住民票を〈羽田クロノゲート〉がある大田《おおた》区に移し、午後一〇時から翌朝六時までの夜勤のアルバイトに応募した。面接を受けに行くと、すぐに合格したという知らせが入った。夏の一カ月の間、私は時給一〇二〇円のアルバイトとして、クール宅急便の荷物を、配達する方面別に仕分ける作業に従事することになった。室温は一〇℃に保たれていたため、真夏でも長袖《ながそで》が必要な職場だった。

クール部門に配置されたのは、偶然だったが、そのおかげで、温度管理で問題を起こしたクール部門が、依然としてずさんな温度管理を続けたままで日々の業務を行っていることを目の当たりにすることになった。天の配剤といったところだろうか。

私は働くと同時に、〈羽田クロノゲート〉内に置いてあった、ヤマト運輸の社内報や同社の労働組合の発行する機関誌、統計数字の載った貼り紙などから、一人当たりの労働時間や残業時間や、平均給与などの情報をせっせと収集した。

そうした労働環境に関する情報を加えて、再度、ヤマト運輸に取材を申し込んだ。

広報担当者が即座に、訊いてきた。

「横田さん、うちの会社に潜入取材などをなさっているんですか」

進んで潜入取材を認める気もないが、ウソをつきたくもないので、私は「いろんな手段で情報を集めています」とだけ答えた。

その直後に、ヤマト運輸の幹部（翌年、社長に就任）が取材に応じてくれることになった。三時間のロングインタビューとなった。取材の間、「横田さんは、すでにクロノゲートでお働きになっておられるので、おわかりのことと思いますが……」という言葉が何度も飛び出すのを聞きながら、潜入取材が功を奏して、このインタビューにつながったことがよくわかった。

ヤマト運輸としては、あれこれと隠し立てをするよりも、説明をつくして書いてもらおうという気持ちが起こったのだろうか。私が働いていた〈羽田クロノゲート〉での取材も受けてくれ、七階建ての建物を現場の責任者の説明付きで案内してくれた。それまでは会社の意向を受け、取材を拒否してきた労働組合への取材も実現した。

これで宅配業界の主役であるヤマト運輸の取材が一気にはかどり、本を書き上げることができた。

潜入取材が、頑《かたく》なになっている企業の口をこじ開け、情報を引き出した稀有《けう》な例といえるだろう。

社長は私から逃げつづける

二〇一五年に出版された『仁義なき宅配』では、物流センターだけでなく、宅配便を配送するトラックや深夜の長距離トラックにも横乗りという形で体験したことを書いた。

そこで聞こえてきたのは、アマゾンなどのネット通販の荷物が激増するのに対応しきれずに、悲鳴を上げている現場からの声だった。業界が制度疲労を起こしていた。

かつて、宅配業界は「三年働けば家が建つ」といわれるほどの高給を誇ったが、それも昔話となり、今や大卒のドライバーの初年度の年収は三〇〇万円台という有様。給与が低いだけにとどまらない。一日平均で三時間のサービス残業を強いられているドライバーからも話を聞いた。

何人ものそうしたドライバーの話をつなぎ合わせていくと、個別の単独の事例というより、組織ぐるみの残業隠しを疑わせるような証言がいくつも出てきた。過労死の事例も、未払い残業代の支払いを求めてドライバーが裁判に訴え、勝訴したケースもあった。

残業代を払わないことを前提とした職場は、いつ崩れるのかわからない「砂上の楼閣」だ、と私は指摘することとなる。

崩壊しかかっていた宅配業界の労働問題の闇が白日の下にさらされるのは、二〇一七年のこと。ヤマト運輸の元ドライバー二人が、それまでの未払い残業代を支払うように求めた労働審判を起こした。同時に、労働基準監督署にも是正を訴え、それを受けて労基署がヤマト運輸に対し、違法な労働時間や未払い残業代に関する是正勧告を出したのだ。

こうした動きが政府の目にとまり、従業員の過労死問題で強制捜査が入った電通と同様に、ヤマト運輸にも強制捜査が入るのではないか、という場面もあった。

進退窮まったヤマト運輸は、全ドライバーに二〇〇億円を超す未払い残業代を支払う事態に追い込まれた。未払い残業代の二〇〇億円超というのは、前代未聞の数字である。厚生労働省が毎年集計する、日本中の未払い残業代の合計の数字が、一年で一〇〇億円前後に収まることからすると、ヤマト運輸の悪質さが突出していることがわかる。

しかし、それ以前から宅配業界に関して独自に調べてきた私にとっては、当然の帰結だった。

先行して取材していたおかげで、未払い残業代に関する新たな問題が見えてきた。変形労働時間という問題だ。

やや細かい話となるが、一日の労働時間を八時間とするのではなく、月間一六〇時間として、でこぼこのある労働時間を一日平均で均《なら》して残業時間を圧縮しようとする労務管理の裏技だ。ヤマト運輸は、同社のドライバーには、この月間変形労働時間制度が当てはまると主張する。

だが、先に労基署に駆け込んだ元ドライバーたちの労働審判では、この変形労働時間が認められず、ドライバーに支払いを命じられた未払い残業代は、ヤマト運輸が当初想定していた金額の約三倍に上った。

ヤマト運輸が全社的に未払い残業代を払う際の焦点は、労働審判で認められなかった変形労働時間を全社的に適用して、違法に低い額に抑えていないかどうかという点にあった。もし、変形労働時間を適用外として計算するのなら、残業代が六〇〇億円にまで膨らみ、赤字決算に陥る可能性もあったからだ。

ところが、私が変形労働時間に的を絞って取材していることがわかると、ヤマト運輸側は再び、私の取材を全面的に拒否するようになる。一度は私との単独取材に応じた社長の記者会見でも、私の質問を受け付けず、その後も、社長は私から逃げつづける。

広報担当者も、私の質問に対し「変形労働時間についてはわかりません。横田さんと議論する気はまったくありません」と逃げの一手。

しまいには、ヤマト運輸の本社から全社一斉に、「(秘) 記者の入社に関する注意喚起」という件名で、「記者の横田増生氏がヤマトへの入社を目論《もくろ》んでいる可能性があります。現在は、当社の月間変形労働時間制の適用是非について執拗《しつよう》に追いかけている状況です」と書いたメールを送信している。

メールには、私を特定できる個人情報も含まれていた。

いくら何でもやり過ぎだろう、と思った私が同社に抗議して謝罪を求めると、こういう答えが返ってきた。

「お尋ねの件は、個人情報保護の観点からお答えできません」

ウソのような、本当の話である。

七〇年代に『原発ジプシー』を書くために、原発の現場で働いた堀江邦夫が、潜入取材後に労働者の被曝歴《ひばくれき》を記録するために設立された〈放射線従事者中央登録センター〉を訪れ、自分の内部にどれだけ放射線が蓄積したのかを教えてくれと申し込んだ時のことだ。

「プライバシーにひっかかるから、教えられない」

そう断られていたことを思い出した。

いつの時代であっても、いい加減な仕事をしている人は、同じような愚かな言い訳を口にするのだ。

ちなみに、この『原発ジプシー』の衣鉢を継ぐ作品として、私と同年代の鈴木《すずき》智彦《ともひこ》が書いた『ヤクザと原発　福島第一潜入記』がある。

ヤクザが主役の実話誌出身の鈴木が三・一一の直後、ヤクザが仕切る孫請け会社で働くことで、事故を起こした原発の修理作業に潜り込んだ決死の潜入ルポである。高濃度の放射線が充満する現場で、宇宙服のような防護服を着て従事する作業には、読む方までも息苦しくさせる臨場感がある。一読することをお勧めする。

正面玄関から取材拒否にあっても、私のもとにはヤマト運輸の情報が続々と集まってきた。取材で知り合った多くのドライバーたちが、情報を提供してくれたのだ。

変形労働時間については、元ドライバーが労働審判の資料を全部コピーさせてくれた。全社一斉メールなどの情報を教えてくれたのは、別のドライバーである。さらに、彼らが送ってくれた内部資料には、未払い残業代の問題が世間を騒がしているさなかでも、年間一〇件近くの未払い残業代があることが記されていた。

潜入取材という手法をとることで、ヤマト運輸の本社には嫌われたが、本社に虐げられてきたドライバーという強い味方ができた。彼らが私の情報源となり、記事として発信することができた。

手を抜かない、ウソをつかない

そのように常に情報を自力で探しながら発信する視点とその記事の内容は、企業からの発表を待って書く人たちとはおのずと違ってくる。

潜入ルポを書く上で大事にしていることは何かと問われれば、

「二つある」

と、私は答えることにしている。

一つは、書くことが目的であっても働くことに手を抜かないことだ。たとえ書くためにはじめた仕事であっても、一生懸命にやっているとおのずと見えてくるものがある。たとえ時給一〇〇〇円でも、額に汗して働いていると、仕事のこの部分を改善した方がいいというところまでわかってくるものだ。仕事にある程度精通した方が、働く現場での信頼感も得られ、思わぬ情報が入ってくることもある。

もう一つ大事にしていることは、ウソをつかないことだ。

潜入して、企業や組織の実態を暴こうとしているのに、潜入する側がウソをついていては信憑性《しんぴょうせい》に欠ける。

ウソをつかないということは簡単なようで、面倒くさかったり、手間がかかったりする。たとえば、ヤマト運輸の羽田クロノゲートで働くとき、私が住んでいた千葉市内の住所で応募すると大きな違和感が生じる。千葉から羽田までの間に、ヤマト運輸の似たような物流センターがいくつもあるからだ。それらをすっ飛ばし、ピンポイントのように羽田クロノゲートを狙って応募するのは、それだけで胡散臭《うさんくさ》い。

羽田クロノゲートに応募する前には、その近辺に住所を移す。まずは移り住むことのできる住所を探す。さらに、住所を移すと、移転届を役所に提出し、国民健康保険や地方税の振込先を変える。そうしてはじめて応募する履歴書に羽田近辺の住所を記入することができる。簡単そうに見えながらも、これがなかなか時間がかかる。

ウソの住所を記入したとしても、直ちにそれがばれて、潜入取材が出来なくなることはない。しかし、潜入取材のあとに、記事を書き、それをまとめて本を書くのなら、私が潜入取材をした事実を隠すことはできない。

そのとき、偽りの住所を書いた履歴書が潜入した先の企業の手元に残っていれば、私文書偽造などの犯罪にも問われかねない。たとえどれだけ素晴らしい潜入ルポを書くことができても、潜入過程が罪に問われたなら、すべてが台無しである。

宅配便の取材で、東京⇕大阪間の佐川急便の下請けの長距離トラックに横乗りをしたとき、朝四時台に大阪に着いたことがあった。

同じトラックが、東京に向かって再度出発する夕方五時まで休憩する必要がある。ところが、その時間から泊まる場所を探すのは難しい。

ありがたいことに、私を乗せてくれたドライバーは、自分が泊まる佐川急便の仮眠所に泊まることができる、と勧めてくれた。けれども、その仮眠所に泊まるには、名前を書かないといけない。

そこで偽名を使えばウソをついたことになる。本名を書けば、あとでそこからたどって、そのドライバーが私の取材に協力したことが佐川急便に発覚して窮地に陥ることがないとも限らない。

結局、私は丁重にお礼を述べてから、地下鉄の始発が動き出すのを待ち、街中に出てネットカフェを探し、そこでトラックが東京に折り返すまで休息をとった。

潜入する時は大胆に。しかし、細かい決断が求められる時は、細心の注意を払う必要がある。

住所変更以上に時間がかかったのが、名前を変更して挑んだ『ユニクロ潜入一年』だった。

最初のアマゾンへの潜入取材は成り行きから始まり、ヤマト運輸を含む宅配業界への潜入はやむを得ず行ったとすると、三回目となるユニクロは、最も自覚的に行った潜入取材だった。

言い換えると、アマゾンとヤマト運輸の場合は、情報を得る手段としての潜入だったが、ユニクロの場合は、闘う武器として潜入取材を使った。

どうして名前まで変えたのかというと、その前段で『ユニクロ帝国の光と影』を書いたとき、ユニクロの親会社であるファーストリテイリングが、版元となった文藝春秋に対して二億円超の損害賠償を求める名誉毀損で訴えてきたからだ。

この二億円超の損害賠償というのは、これまで名誉毀損で認められた最高の損害賠償額が一〇〇〇万円台であるのを勘案すると、桁違《けたちが》いの高額な請求額となる。企業によるこうした高額な請求額を伴う名誉毀損訴訟を、言論機関を威嚇するための恫喝《どうかつ》訴訟（SLAPP《スラップ》訴訟）と呼ぶが、ユニクロの訴訟もこれに属する。

裁判の対象となった『ユニクロ帝国の光と影』を、私はどのような狙いをもって書いたのか。

旧態依然としたアパレル業界で生産から販売までを垂直統合することによって一人気を吐いていたユニクロという企業。ユニクロの中心に、創業者社長の柳井正《やないただし》がいるという認識に立ち、その成長を続ける革新的な光の部分と、サービス残業を含む国内外の劣悪な労働環境という影の部分を描いた。ちなみに、この本は潜入取材なしで書かれている。柳井正への取材の内容も一問一答の形式で掲載している。

この本を書く準備をしている段階でわかったことは、それまでユニクロについて書かれた雑誌記事や書籍のほとんどが、ユニクロ側のお膳立て《ぜんだ》によって書かれた会社の公式発表に近いものであることだった。

二〇〇〇年当初に、ユニクロが生産を委託する中国工場を取材したことがある週刊誌の記者は、私にこう話した。

「ユニクロの現地の担当者が運転する車に乗って行ったので、どこの工場をどう回ったのかという地理がまったく頭に入っていない」

それに対し、私は、ユニクロにとって良い面、悪い面を含め、独自に調査をして報道しようという姿勢をとった。ユニクロ関係者を探して日本や中国を歩き回り、本を書き上げた。

しかし、この本が出版された直後に、ユニクロは労働問題に言及した箇所が虚偽であり、名誉毀損にあたるとして文藝春秋を提訴した。こうした言論封殺を目的とした名誉毀損裁判については第五章で詳述するが、係争中は、著者の私も裁判の関係者となったため、ユニクロは、決算会見をはじめとする、すべての記者会見から私を締め出した。私も渋々ながら、それに従うことにした。

ユニクロが最高裁にまで上告して三年以上かかった裁判は、被告である文藝春秋側の全面勝訴に終わった。本に書いてあるサービス残業などの記述に間違いはなく、名誉毀損には当たらない、と司法が判断した。つまり、ユニクロは自ら起こした裁判の結果、ブラック企業であるとの烙印《らくいん》を押されることになったのだ。

潜入取材の招待状

裁判が終わったあとも、ユニクロの取材を続けたいと思っていた私は、判決後の決算発表に出席しようとした。当初、ユニクロ側も私の出席を認める方向に傾いていた。ところが、決算発表の当日、広報担当者から電話があり、決算会見の出席を見合わせてほしい、と言い出した。

理由は決算発表の当日発売の「週刊文春」に、「ユニクロ請負工場　カンボジアでも〝ブラック〟告発」という香港《ホンコン》のNGO団体の記者会見の短い記事を書いていたからだ。とは言え、この会見を取材した「朝日新聞」や「日経新聞」なども同じ記者会見についての記事を掲載していた。ならば、「朝日新聞」や「日経新聞」にも決算会見への出席を断るのか、と問えば、そうではないという。

押し問答の末、相手がこう言った。

「柳井から、横田さんの決算会見への参加をお断りするようにとの伝言をあずかっています」

つまり、気に入らない記者をつまはじきにしようとするトップの意向が働いた。〝NGリスト〟に入ったわけだ。

広報の文字通りの意味とは、「広く知らしめること」にあるのだが、今日の企業広報の役割の一つには、企業防衛がある。企業に不利な情報を暴こうとする取材者を、全力で排除することが重要な役割となっている。

私とやり取りしたユニクロの広報担当者も、元は大手家電メーカーの広報部門からの転職組で、家電メーカー時代の最大の功績は、九〇年半ばに起きた在ペルーの日本大使公邸占拠事件で、人質となった同社社員の引き渡しのため、陣頭指揮を執ったというもの。危機管理に強いとして、柳井正が一本釣りしてきた人物だった。

言うまでもなく決算会見とは、上場企業が、株式市場から資金を調達するために、経営状況や財務状況を開示する義務を履行するものだ。上場企業である限り、決算発表は付いて回る。企業ノンフィクションを書くためには、対象となる企業の決算会見に足を運び、そこで経営状況を知るのは基本である。決算数字を追うことは企業取材の要諦《ようてい》なのだ。その決算発表から締め出されるということは、通常方法での企業取材の道が絶たれることを意味している。

いわばユニクロの決算会見の参加拒否は、その義務を果たさないと言っているにも等しい。またその理由も、自分たちの気に入らない記事を書いたからというもの。日本を代表する大企業でありながら、その行動様式は小学生と何ら変わるところがない。

私は怒りで頭に血が上りながらも、その少し前に、柳井正が雑誌のインタビューで語っていたことを思い出した。柳井はこう話していた。

「我々は『ブラック企業』ではないと思っています（中略）『限りなくホワイトに近いグレー企業』ではないでしょうか。悪口を言っているのは僕と会ったことがない人がほとんど。会社見学をしてもらって、あるいは社員やアルバイトとしてうちの会社で働いてもらって、どういう企業なのかをぜひ体験してもらいたいですね」

柳井の目からすると、私もユニクロの悪口を言っている一人となるのであろうから、それならばユニクロにアルバイトとして働いて実態を見てやろう、と思った。

柳井が雑誌で語った言葉は、潜入取材への招待状に映ったのだった。

アルバイトに応募するとき、私の潜入取材の意図を見抜かれるきっかけとなりかねないのが、私の名前である。私の名前がそれほど知れ渡っているとは思っていない。しかし、ユニクロと名誉毀損で争った本を書いたジャーナリストの名前として覚えている採用担当者がいたとしても不思議ではない。

よって、合法的に苗字《みょうじ》を変えることにした。結婚している私は、いったん妻と離婚したあとで、すぐに妻と再婚して、妻の苗字を名乗ることにした。

履歴書の経歴としては、ジャーナリストであるとわかる部分は省き、そのほかの記述で履歴書を作った。事前に弁護士に見てもらうと、「本当のことすべてが書いてあるわけでもないが、ウソは一つも書いてないので問題はない」とのお墨付きを得て、ユニクロのアルバイトに申し込んだ。

ここで重要だったのは、取材を開始する前に、バックアップしてくれる出版社を探すことだった。名誉毀損で二億円超を請求してくるユニクロを相手に、フリーランスのジャーナリストが個人で闘いを挑むのはあまりにもリスクが大きすぎる。取材後の出版も含め、再び裁判を仕掛けられたときでも、法的に支援してくれる出版社がなければ、こうした取材は難しい。『ユニクロ帝国の光と影』を書いた縁もあり、「週刊文春」編集部に支援をお願いすると、快諾の返事が返ってきたので、取材に取り掛かった。

ビックロ店で解雇される

こうして新宿《しんじゅく》のビックロを含め三店舗で働き『ユニクロ潜入一年』を書いた。

ユニクロという企業については、前著を書いたときに十分に調べていた。その知識を使って、現場に潜入するのだ。

一日八時間、ユニクロの店舗に立って、接客やレジ打ちをこなした。休憩時間には、柳井正の〝お言葉〟が載った回覧物を熱心に読み込んだ。さらには、勤怠記録を確認して、だれがサービス残業をしているのかを確かめていった。

潜入取材と並行して行った取材では、アルバイトの主婦が、毎日のようにＬＩＮＥで緊急の出勤要請の依頼を受け、精神的に極端な負担を感じていた。また、大学生がアルバイトを辞めたい、と言うと、店長が「いったんユニクロに入ったら、卒業するまで働くことになっている。途中で辞めるのは契約違反だ」とウソをついて脅かしていた。さらに、カンボジアの生産工場では、以前に取材した中国工場よりはるかに劣悪な条件で働く労働者たちから話を聞いた。

なかでもひどかったのが、ビックロだ。店長が超パワハラ体質で、「前の店舗では三〇〇人を辞めさせた」と自慢するような男だった。私はこの店長による面接を受け、午後二時から一〇時までの勤務に加え、閉店後の商品整理も行い、日付が変わる前後に退勤となった。

ユニクロという職場が潜入取材に向いていたのは、社内でメモを取る習慣があったことだった。

働いている間、常にポケットにメモとボールペンを入れて持ち歩き、これは重要と思う場面では、メモ帳を取り出し書き込んだ。

潜入取材が露呈するのは、ビックロで働きながら、「週刊文春」に記事を書いたあとのこと。一二月に入り、店内がクリスマス商戦に向け飾りつけを始めた時期だった。

私が書いた記事が載った「週刊文春」が発売されるとすぐに馘首《くび》になると思っていたのだが、次の出勤日まで音沙汰《おとさた》がなかったので、シフト通りに出勤することにした。しかし、出勤するとすぐに店長室に呼ばれ、そこで本社の人事部長から記事を書いたことが就業規則に反するので辞めてほしい、と言われた。

私は記事のどの部分が規則に違反しているのかと尋ねた。すると「中身の吟味はしていない」と言う。

記事の内容が間違っていたのか、とさらに問うと、「お答えする必要がありません」との返事。

辞めるつもりがない、という私に、辞めてくれと言い続けるユニクロ人事部。結局、記事のどこが就業規則に反しているかの説明がないまま、五分で話し合いが打ち切られ、私は解雇された。

一年間の潜入取材を雑誌記事と本にしたことで、ユニクロへ一矢を報いたことになったが、私の中には多くの疑問が残ったままだった。なぜ、『ユニクロ帝国の光と影』を訴え、勝つ見込みがないことが分かりつつも最高裁まで争ったのか、ユニクロ国内外の労働環境をどのように改善するのか、いつになったら柳井正が経営権を後進に委《ゆだ》ねるのか。

答えを知るには、全権を握る柳井正に直接訊くしかない。

私はその後、何度も、柳井正への取材を申し込むが、柳井が取材を受ける気配は微塵《みじん》もなかった。逃げる柳井を捕まえるため、私はユニクロの株主となって株主総会に潜入することにした。

潜入とはいえ、株主総会であるから、私が株主になっていることはユニクロ側も事前に分かっている。私は二〇一九年秋に山口市にあるユニクロの本社で行われた株主総会に出席した。

柳井は総会で狼狽した

午前一一時に始まった株主総会には一〇〇人前後の株主が集まった。事業報告や監査報告のあと、柳井正が議長席から総会での議決案を読み上げてから質疑応答となった。

私に順番が回ってきたのは二番目のこと。

――いくつか聞きたい点があります。

「質問は、一つにしてもらいます」

柳井の発言に反論した。

――どうして一つなんでしょうかね。株主総会では、十分に審議を尽くす必要があると思うのですが、どのように思われますか。

その問いに、柳井が渋々こう答える。

「もし時間が許せば、もう一つぐらいはいいと思いますが、一人の人が総会を独占するのは許されないと思います」

――総会を独占しようということではなく、いくつか関連の質問がある、ということです。

「できるだけ少なめにお願いします」

――ファーストリテイリングの株価が現在、六万六〇〇〇円と最高値を付けています。これは、柳井社長が社長であることのプレミアムも含まれていると考えています。「産経新聞」のインタビューに答えて、柳井社長自身が「退任することは考えていない。必要とされるうちは仕事をしたい」と話しています。また、同じインタビューで、次世代に社長を引き継ぐんでしょうか、という質問に「あと一年でしょうね。う〜ん、あと一、二年」という言葉もあります。二つの発言は矛盾しているように聞こえます。果たして、どちらが本当なのか。

柳井は気色ばんでこう答えた。

「先のことは、だれにも分かりません！　一年とか、二年とか、そういうことは明確に申し上げる必要はない」

――しかし、あなた自身が新聞で話していることですよね。

「新聞記者は勝手に書きます」

――いやいや、新聞は勝手には書きません。

「私はそのようなことを申し上げたことはありません」

――この「産経新聞」の記事はウソですか。

「ウソとかそういうことではなく、新聞記事には、記者の主観が入るものです。だから、私は、今後、何年やるとか、話した覚えはありません」

聞いていた私が驚いた。自分がしゃべった新聞のインタビュー記事を完全否定したのである。

もし、「産経新聞」がインタビュー記事を捏造《ねつぞう》しているのなら、それこそ訴訟問題になるのではないか。反対に、もし「産経新聞」が、正しく記事を書いているのなら、「産経新聞」がファーストリテイリングに抗議を申し込む必要があるのではないか、と。

あとで、内部の情報通に訊けば、柳井自らインタビューの内容をチェックした後に掲載された記事である、という。ならば、なぜ否定したのか。想定外の質問にパニックとなったのか。

――では話を別の点に進めます。その同じ記事の中で、ご自身の長男の一海《かずみ》氏と次男の康治《こうじ》氏が、経営者になることはない、と語っています。もし、バトンタッチがあるとするなら、残る一人の社内取締役である岡崎健《おかざきたけし》氏が経営トップになるというようにも見えるのですが。

「分かりません!!」

怒鳴るように答える。

「岡崎君がなる可能性もあるでしょうが、わが社には一五年、二〇年、二五年と、大学を出て、あるいは大学在学中からアルバイトとして働いてきた幹部候補の社員たちが世界各地で活躍しています。多分、彼らの中からチームで経営する。世界中でさまざまな事業をやっていますので、各国でもチームを組み、日本でもチームを組んで、やっていこうと思っていますんで、一人の経営者が全部仕切るというような経営ではない、ということです」

――もう一問、聞いていいですか。

「もう一問だけですよ。簡潔にお願いいたします」

――それでは、柳井社長は当分、ＣＥＯを降りるつもりはない、ということですか。

「分かりません！！！」

と柳井は再び叫ぶように答えた。そのあまりの勢いに総会の会場から失笑が漏れたほどだった。

「七〇歳を過ぎると、先のことは全く分かりません。ただ、株主の皆さんに迷惑をかけないような方法でやりたいと思っていますので、以上了解していただきたい、と思います」

私の後に、二人の株主から海外ユニクロ事業の見通しと、ジーユーの電子商取引の比率の質問を受けた。これまでで受けた質問はわずか四問。時間にしてわずか一〇分強。柳井が「ほかには質問ございませんでしょうか。それでは、議案の採決にあたり、十分な説明をしたと思いますので……」と質疑を強引に打ち切ろうとするタイミングで、私はもう一度手を挙げた。

――四番目の議案の役員報酬の引き上げですが、これは今まで年間上限が一〇億円であった役員報酬の額を、二〇億円に引き上げるということですか。そうならば、理由をお聞かせください。

柳井が指名した法務部の部長が、社内役員の人数がこれまでの柳井一人から、同氏の息子二人と岡崎氏を入れた四人に増えることと、役員の責任も増大しているので増額をお願いする、と答えた。二〇億円を四人で割るなら、一人当たり五億円となる。

一〇億円が倍の二〇億円になるということですね、とダメを押すと、柳井はこう発言した。

「これは決して高くないと思います。日本の（役員）報酬は責任の割には、非常に低いです。今から、われわれが、グローバルでビジネスをやっていくうえで、報酬が低いと勝てません。

ですから、これはぜひ承認いただきたい、と思います」

そういう理屈なら、グローバルで勝ち抜くには、店舗や海外の委託工場での労働者の人件費も上げないとならないだろう。労働者にはサービス残業を強いておきながら、自分たちは何億円という報酬を手にしようとは、いったいどういう料簡なのか。しかし、そういう質問をさせる隙を与えないようにと、議事進行をしようとする。

ところが柳井は、私の度重なる質問にすっかりリズムを崩したようだ。

私の質問を遮るように打ち切り、「これをもって、審議の採決に移らせていただきたい、と思います。ご賛同いただける株主様は拍手をいただきます」と柳井が言ってから、拍手のあと、派手につっかえた。

「かっ、半数の同意を、いぃ、いただいたと、みぃ、認めます」

さらに議案一つ一つの可決に移った後のことだ。

「以上を持ちまして、本総会の目的事項の……」

総会を終了しかけたとき、後ろから事務局の担当者が飛ぶようにして柳井のもとに馳《は》せ参じた。事務局からの耳打ちを受け、慌てて言う。

「あっ、すいません、一つ漏れておりました。あっ、四号議案の採決をいたします。四号議案にご賛同いただけます、かっ、株主様は、はっ、拍手をお願いします」

拍手はあったものの、株主総会は、柳井が狼狽《ろうばい》したまま終了した。

私が思ったのは、この人は打たれ弱いな、ということである。

自分の言うことを聞く部下や取り巻きには強く出るが、少しでも異論を唱える人に出会うと、どうしていいのかわからなくなるようだ。上下関係でマウンティングポジションをとってからでないと安心して対話ができないのではないか。

少しでも反論するような人物にどう対処していいのかわからないのならば、周りにはイエスマンしか残らない。

これでは、私の取材を拒否しつづけるわけだ、と納得した。同時に、これ以上、柳井を追いかける必要もないか、と思わせた。

発表物こそフェアではない

潜入取材に付いて回る批判に、相手に取材の意図を伝えない潜入という方法がずるい、というものがある。この風潮は、何事においても正々堂々の気風を好む日本に強いように思われる。

〝潜入取材大国〟であるイギリスでは、アマゾンの物流センターに潜入取材するのが年末の風物詩のようになっており、毎年、どこかの媒体がアマゾンへの潜入取材を行う。

果たして潜入取材は卑怯《ひきょう》な手段なのか。

そのことが公に議論されたのは、先に挙げた『自動車絶望工場』がノンフィクション賞である大宅壮一ノンフィクション賞の候補作に挙げられたときだった。

選考委員からは「取材の仕方がフェアでない」や「ルポを目的とする工場潜入とわかってみれば、少なからず興ざめする」という批判が相次ぎ、受賞を逃す。

そうした卑怯だとの見方に異を唱えたのが、解説を書いた本多勝一だ。

ルポが目的で工場に潜入して働くことが、どうしてフェアでないのか、どうして興ざめするのか、と問い、こう続ける。

「どうもPR記事のごときもの、いわゆる『発表もの』や、玄関から取材できるものだけが『フェア』な報告だということに、どうしてもなります。大企業がかくしている公害なども、裏から証拠をつかんで暴露しては『フェアでない』のです。なんとか王国論といった類の、大企業がむしろ喜ぶ報告が『フェア』なのであります」

私も本多と同意見である。

企業側がフェアではないのに、どうして取材する側だけがフェアであることを求められるのか。法を犯さない範囲でなら、潜入取材は何ら後ろ指を指されるものではない。

第二章　いかに記録をとるか

いい文章が浮かんでくるのは一回だけ

『ユニクロ帝国の光と影』を二〇一一年に出版すると、ユニクロが文藝春秋を名誉毀損で訴えてきた。ユニクロ側はさらに三年半にわたる裁判の期間中は取材を控えてほしいと要望してきたのだが、裁判で文藝春秋が勝訴したあとも、ユニクロは私が決算会見に出席しようとするのを拒んだのだ。

そうした姑息《こそく》なユニクロの鼻を明かすため、私はユニクロに潜入取材することを決めた。ユニクロの潜入取材の最初の関門は面接試験である。特にユニクロの主要な労働戦力は、学生と主婦。私のような五〇代の男は浮いた存在となる。だが、面接に合格しないと潜入取材は始まらない。

一五年秋のこと。ネット経由で時給一〇〇〇円のアルバイトに応募すると、一週間後に面接を受けることになった。

面接日は、最高気温が二〇℃を超える晴れの日だった。面接が行われる店長室に入ると、ミュージシャンの布袋寅泰《ほていともやす》を小柄にしたような店長と、お笑いコンビのチュートリアルのツッコミ担当の福田充徳《ふくだみつのり》似の副店長が待っていた。

「メモを取ってもいいですか」

面接が始まると同時に私は了解を求めた。

『ユニクロ帝国の光と影』の取材で、上司の話を聞くときにメモを取っていなかったために
こっぴどく怒られたというユニクロ社員の挿話を何度も聞かされていたからだ。

メモ文化の中で育ってきた店長と副店長に、異存があろうはずはない。というより、ユニクロマインドを身に付けたアルバイト候補がやってきたのではないかと好印象を与えることもできたかもしれない。実際、私は面接当日に採用を知らせる電話を受け、翌日から出勤となった。

ユニクロはメモ会社である。このことは、私の潜入取材にとって有利に働いた。いつでも、どこでもメモを取り放題なのだ。

ユニクロで働いていた一年間、ポケットに入るサイズのノートと黒のボールペンを常に携帯し、時間を見つけては誰はばかることなくメモを取ることができた。自分のシフトや毎日のミーティングの内容、店舗で起こった出来事、掲示板に張り出された連絡事項など、執筆の際の材料になりそうなことは何でもメモに書き留めた。

百円ショップで買ったA6サイズのメモは、働き終わるまでに三〇冊以上が溜《た》まった。手書きのメモは、古典的ではあるが、潜入取材の記録を残す有力な方法だ。

メモ帳を使うときに気を付けなければならないことは、決して落としてなくさないことだ。私の場合、サービス残業をしている疑いのある店長の出勤時間なども書いていたため、だれ

かが拾ってメモを読めば、潜入取材の意図が知られてしまうかもしれない。私は一日に何度も、メモがポケットに入っていることを確認した。

なかには、とびぬけて記憶のいい人がいるかもしれない。フォトグラフィック・メモリーといわれる映像記憶能力を持つような人だ。しかし、たいていの人の記憶は頼りなく、はかない。たとえば、昨日の夕食の献立は思い出すことができても、三日前、一週間前となると、自分が何を食べたのかさえ曖昧《あいまい》になる。

それはわれわれの記憶が日々、更新されており、脳に過重な負担がかかることがないようにと、必要のない記憶が消されていくように設計されているからだ。脳内で一時的な記憶を蓄えるといわれる海馬、そこにとどめておけるワーキングメモリーの許容量は、七個前後といわれる。

ジャーナリストを志すためには、そんないい加減な自分の記憶力に頼らないことが必要となる。何でもメモに残す。何が重要かという判断は二の次として、書くための材料を集めるために、とことんメモを取る。

さらに、あとで語るようにメモを残すことは、名誉毀損裁判で訴えられたとき、書き手を守ってくれるという重要な役割も果たす。

メモに残すのは取材のときだけにとどまらない。取材が終わり、何カ月かかけて本を執筆する際、途中でいい文章が頭に浮かんでくることがある。往々にして、ぼーっとしているときに、いい文章が浮かんでくるものだ。そのときも、必ず書き留める。

自分の頭に浮かんできたことだから、あとになっても簡単に思い出せるだろう、と考えるのは大間違いだ。いい文章が浮かんでくるのは一回だけで、そのあと、どうしても思い出せないということがしばしばある。浮かんだ文章を書き留めていないと、大きな魚を逃したような後悔に襲われて歯嚙みすることになる。

天候や匂い、BGMも書き留める

ユニクロの店舗では、バックルームでの〝袋むき〟作業から始めた。これは、店舗に送られてきた商品を、店頭に並べることができるように段ボールから出して、ビニール袋を剝《む》く作業のこと。その作業中に私がメモしたのは、段ボールに印刷された中国の生産工場の名前だった。

いくつかの名前を書き写しているうちに、〈クリスタル　アパレル〉という名前にピンときた。私が『ユニクロ帝国の光と影』を書くために、中国の広東省《カントン》で取材したユニクロの下請け工場の〈晶苑集団〉のことだったのだ。

取材当時、その工場で経営幹部にインタビューした翌日、私は労働者の話も直接聞きたいと工場近くの市場で買い物をしていた女性に声をかけた。夫婦ともに〈晶苑集団〉で働いているという。夫婦と八歳になる一人娘が暮らしているアパートまで付いて行き、話を聞いた。日本の間取りでいうと八畳一間のアパートには、台所とトイレ、それに親子三人が一緒に眠るベッドがあった。彼らは中国で〝農民工〟と呼ばれる出稼ぎ労働者であり、経済発展の下支えの役割を負うが、その生活はつましい。女性に将来の夢を尋ねた。

「体がつづく限り、夫婦二人で出稼ぎをつづけようと思っています。娘がちゃんとした教育を受け、上の学校まで行って、私たちのような出稼ぎではなく、事務所で働く人になってほしい。少なくとも娘の学校教育が終わるまでは、出稼ぎをやめるわけにはいきません」

その時のことを思い出しながら、今でも二人は同じ工場で働いているのだろうか、と考えた。もっといい条件の工場を見つけて働き場所を変えたのだろうか。

取材のとき、髪を後ろで二つに結んでいた女の子は、日本でいうなら中学二年生になっているはず。終始、興味深げにその様子を見守っていた少女は、両親の期待に応《こた》えようと勉強に励んでいるのだろうか、と店舗のバックルームで物思いに浸った。

段ボールについて来る送り状には、配送を担当する物流業者の名前が書いてあった。〈三菱商事ロジスティクス〉や〈ハマキョウレックス〉、〈ダイセーロジスティクス〉や〈ＳＢＳロジコム〉などの社名が書いてある。これもメモに書き取る。

私は物流業界の専門紙の出身なので、だれがどこからモノを運んできたかという物流の情報に人並み以上に興味がある。加えて、『ユニクロ帝国の光と影』にも同社の物流網について企業名を挙げて書いており、それ以降に起こったと思われる委託先の変化は新情報だった。

ユニクロは頑ななまで秘密主義の会社であるため、多くの企業が公開している取引先の物流企業の名前を公表していない。よって、ユニクロのサプライチェーン（供給連鎖）に関する情報にはニュースバリューがある。

潜入する企業に関する情報が多いほど、何を観察して、何をメモに残すのかがより的確に判断できる。しかし、潜入する前に、相手企業のことをすべて把握するのは不可能なので、事前準備にそこまでこだわる必要はない。

準備不足を恐れて二の足を踏むより、思い切って相手の懐に飛び込んで、そこから何かをつかみ上げてくるのが潜入取材の醍醐《だいご》味《み》なのだから。何をつかみ上げることができるのかは、だれにも分からない。そこがおもしろいところなのだ。

メモには、５Ｗ１Ｈに沿って記録を残していくといい。いつ、どこで、だれが、何を、なぜ、どのように行ったか——というように。過剰に書く必要はないが、あとで読み返して、場面が浮かんでくるようなメモを心がける。できれば、天候や匂い、流れていたＢＧＭや話し相手の服装なども書き留めておくといい。

大事なのは、メモはその日のうちに見直す習慣をつけることだ。書き足りない点は赤字で補足。自分の文字ではあるが、時間が限られた中のメモは走り書きとなる。

後で見返すと、何を書いたのかが自分自身でも判読できないことがある。けれども、その日のうちなら、何を書いたかという記憶を頼りに、読解不明の文字や文章を、十分に補うことができる。さらに、その日のうちに見返しておくと、メモの内容が頭に残りやすくなるという利点もある。

一年の間で、「ここがメモの出番だ!」と思った瞬間は、三店舗目の新宿駅東口にあったビックロ（二〇二二年六月閉店）で、営業時間の後に商品整理をしていたときだ。ビックロで私が担当した仕事の一つに荷受け作業があった。

物流センターから毎日、トラックで運ばれてくる数百個に上る段ボールを、一階から三階までの指定された部署に運び入れる作業。繁忙期の感謝祭というイベントのときには、一日七〇〇個前後の段ボールが運び込まれた。マニュアルもなく、短い時間で狭いエレベーターを使って荷物を振り分けるという、誰もが敬遠したくなるような重労働だった。

その作業が終わって店頭の商品を畳み直していると、男性の正社員が私に声をかけてきた。

「荷受けは、大変だよね」

「いい運動だと思ってやっていますよ」。そう優等生的な答えを返すと、

「ホントに？　荷受けはいい運動なんかじゃないよ。奴隷の仕事だよ。奴隷の！」

というストレートな言葉が打ち返されてきた。

これはちゃんと受け取らないといけない。すぐに、商品整理をするふりをして、通路にしゃがみこんでメモ帳を引っ張り出して、彼の言葉を書き留めた。

トラック横乗りでもメモ帳が活躍

小さなサイズのメモ帳が役に立つのは、潜入取材全般にいえることだ。

『仁義なき宅配』を書いたとき、宅配便と長距離トラックに〝横乗り〟取材をした。ドライバーの助手席に乗って取材するのが横乗りだ。見習いの新人ドライバーを装って乗せてもらった。

このときも、小さなメモ帳が活躍した。

ヤマト運輸の下請けの宅配ドライバーに横乗りした時は、朝七時から夜九時まで配達がづいた。その間、助手席という狭い空間にＡ４のノートを広げるスペースはない。しかも、ドライバー見習いを装っているのだから、大っぴらにノートを広げるわけにもいかない。

いかにも作業手順を学んでいるふりをするのに、小さなメモ帳はぴったりとくる。トラックの荷台に荷物を積む要領や、積み込んだ荷物の個数などを書き留めていく。

午前中、最後の荷物を運ぶため、一一時半過ぎから一二時まで配達先のマンションの下で時間を潰《つぶ》した。配達が「正午から午後二時まで」の時間指定となっているので、それを守るためだった。

「少しぐらい早めに運んでもほとんど問題ないんだけれど、お客さんによってはクレームが来ることもあるからね」

そう、ドライバーが教えてくれた。その日一日で配達したのは約一〇〇個。

佐川急便の下請け業者が運行する長距離トラックにも横乗りした。東京⇕大阪間を往復する大型トラック。東京の中継拠点で一〇〇〇個前後の荷物を荷台に手積みして、大阪の中継拠点まで夜間の高速道路を走って輸送する。

私を乗せてくれたドライバーはまだ三〇代ながら、長距離トラックの運転歴は一〇年を超えるというベテランだった。

横乗りの日は、中継拠点のベルトコンベアーに流れる荷物から、目指す中継地点向けの一〇〇〇個の荷物を自分のラインに引いて、荷台に積み込む。この〝荷引き作業〟を四時間以上かけてドライバーと二人でこなす。

私も手伝うのだが、ドライバーが全部をチェックして手積みしていった。その真剣な表情が印象に残った。午後八時過ぎに出発して、大阪の中継拠点に到着したのは朝三時すぎ。それから一時間かけて荷物を降ろした。

運転している間、ドライバーが話してくれたのは荷引き作業での失敗談。

「一〇年ぐらい前、神戸《こうべ》行きの荷物を間違って大阪行きの僕のトラックに積み込んでしまったことがあるんです。急ぎの荷物だったので、自分で届けることもできず、赤帽を頼んで届けてもらいました。一〇万円近い運賃は自腹で払いました」

長距離ドライバーの平均給与は月額三〇万円強。その三分の一が、一つの荷物を間違って積み込んだだけで吹っ飛ぶのだ。荷引きのときにドライバーが真剣になるのも当然だった。

大阪発の復路にも乗り込んで、首都圏の中継拠点についたのはその二日後の早朝。電車を三本乗り継いで自宅に帰った。電車ではまったく眠れない不眠体質の私が、三本とも電車に乗ると同時に眠りに落ちるほど疲れていた。しかし、横乗り取材の詳細は、メモ帳に克明に残されており、記憶から零《こぼ》れ落ちる心配なく済んだ。

潜入取材の間、記憶するのはノートに任せ、私は細部を見落とさないよう記録することに努めた。「神は細部に宿る」というように、細かい事実を積み上げたのが潜入取材を含めたノンフィクションだとすると、細部を漏らさず記録に残すことが、ノンフィクションを書く作業の出発点にある。

「朝日新聞」の記者で、数多くのノンフィクション作品を著してきた本多勝一は、自らの経験から取材ノートはなくしてはいけない、と語っている。

若い読者は知らないかもしれないが、八〇年代のジャーナリズム界隈《かいわい》において、本多勝一は、一定の存在感を持ち、ファンもいた。私が最初に、ジャーナリズムやノンフィクションがおもしろいと思ったのは、本多が書いた『カナダ＝エスキモー』と『ニューギニア高地人』、『アラビア遊牧民』という極限民族の三部作だった。

いずれも、過酷な自然環境で暮らす民族と長期間にわたり寝食を共にし、内側から彼らの生活ぶりを広角レンズで切り撮るかのように子細に描いている。

本多の三部作を読んだとき、文学が簡単に陥るワンパターンという問題が、言い換えると、同じテーマの繰り返しという問題が、ノンフィクションの場合、書くテーマを変えるだけで回避できるように思えた。

その本多は、自らノートをなくした若き日の失敗談をこう語る。

「取材ノートに私が気をつけるようになったのは、一度失敗してこりたからです。学生のころ二回ヒマラヤ（パキスタン）に行きましたが、その時の大学ノートが一冊なくなった。あれは帰国して直後でした。山岳地帯の本舞台へはいるちょっと手前の、平地のことについていろいろ書いたメモだったので、打撃はそれほどではなかったのですが、それにしてもそれには非常に詳しいことが書いてありました。たとえばパキスタンには実にいろいろな便所の様式があるのです。これは面白いなと思って細かく書いて、図もメモして、パキスタンのトイレの大権威になって帰ったらそれがなくなった。非常に残念なことをしました」

メモ帳やノートをなくすということは、取材自体がなかったことにもなりかねないのだ。

録音はぶっつけ本番では臨まない

メモ帳に加え、隠し撮りによる録音も重要な武器になる。先に書いたようにユニクロでは、全部で三店舗働いた。その三店舗目となったのが、新宿にあるビックロだった。時給は一〇〇〇円。

ビックロの面接には、録音マイクを胸のシャツのポケットに仕込み、その上にセーターを着て臨んだ。ＩＣレコーダーは、Ｇパンのポケットに入れた。

面接当日は、豪雨が東京を襲った秋のこと。私は交通機関が停まることを心配して、面接の一時間以上前にビックロに着いていていた。

それまで二回の面接は一〇分ぐらいで終わっていたが、ビックロの面接は一時間近くかかった。長時間になると録音が効果を発揮する。

総店長という四〇代の男が面接官。ユニクロは国内に八〇〇店舗強あり、店舗の数だけ店長がいるのだが、このビックロの総店長は、社内の階級的には他の店長とは別格の扱いだった。

面接が始まるとすぐに、この男のパワハラ体質が顔を覗《のぞ》かせた。この男、業務が始まる朝七時半か、閉店業務が終わる一一時半までのいずれかの時間に働く、という条件を強引に私に飲ませようとしてきた。バイトが最も集まりにくい時間帯を埋めようとしていたのである。

いくら潜入取材のためとはいえ、そんなしんどい時間は勘弁してよ、と思いながら、どうにかかわそうとするも、「そういう姿勢は、プロとしてどうなんでしょう」と詰めてくる。

「たとえば、大学生の方で、私はアルバイトなのでユニクロのことをそこまで一生懸命に理解するつもりはありません、とおっしゃる方がおられます。しかし、それでは困るんです。ユニクロの名札をつけて売り場に出るときは、働き始めてすぐの新人の方も、二〇年というベテランの方も同じ名札なんです。お客様の目からすると同じなんです」

だいたい、もらっている給与が違うやろう。時給一〇〇〇円しか払わんで何がプロやねん、と心の中で毒づきながら聞いていた。この総店長の自慢は、「オレは前の店舗で三〇〇人辞めさせた」というもの。ただの人でなしである。録音したおかげで、その人柄がよく伝わる言葉を正確に引用することができた。

秘密裏に録音するうえで大切なのは、事前に十分な練習をすることだ。相手の声がきちんと取れるように、必ず練習してみる。たとえば、胸ポケットにマイクを仕込むのなら、ポケットの裏側に穴を開け、マイクのコードが通るようにしておかなければいけない。また、マイクが見えることを恐れて、洋服の内側に仕込むと、相手の声が拾えないこともある。

もちろん、スマートフォンを使ってもいい。その場合も、どのポケットに入れれば、どんな録音になるのかを知っておく必要がある。何とかなるさ、と思ってぶっつけ本番では決して臨まないことだ。

「週刊文春」での「阿川佐和子《あがわさわこ》のこの人に会いたい」の連載が一四〇〇回を超す阿川佐和子だが、駆け出しだったころ、松本清張《まつもとせいちょう》にインタビューして失敗した経験をこう書き残している。

「そろそろ原稿書きに取りかかろうかと、自宅でカセットにインタビューテープを差し込むと、ザーッという雑音が聞こえるだけ。手違いで片面が録音されていなかったのである。／あの瞬間の、どれほど青ざめ慌てたことか。思い出しても背筋が寒くなる」

長年、取材を続けていれば、こうした失敗はだれにでも起こり得る。正規のインタビューならば、相手に頼み込んで、取材をやり直すことも不可能ではない。しかし、潜入取材における隠し録音の場合、二度目はない。さらに隠し録音では、録音中にICレコーダーやスマホを見て動作を確認することもできない。十分練習しておくことに越したことはない。

メモより録音の方が正確ならば、潜入取材の間、ずっと録音しつづけるのはどうだろう。

正確にはなるが、音源を執筆に使えるように起こす作業に時間がかかりすぎるので、現実的ではない。最近はウェブ上で、文字起こしをしてくれる有料サービスもあるが、録音状態によって、文字起こしの精度はまちまちなので、まだ実用的とは言い難い。

潜入取材においては、手書きのメモが長い回数を投げる先発ピッチャーなら、録音は抑えの切り札。ここぞという短い時間で投入するのが理想的だ。

秘密録音は違法ではない

ここで悩ましい疑問が一つわいてくる。果たして、相手に無断で録音することは、何らかの法律に触れないのだろうか。こっそり録音することで、罪に問われることはないのか。秘密録音とは、なんだかいかがわしいんじゃないか、と。

その答えは、通常の取材手段としてなら原則として問題ない、である。

会話の当事者が、相手の同意なく両者の間の会話を録音することを〈秘密録音〉という。

日本では、秘密録音は違法ではない、とする最高裁の判例がある。裁判での証拠能力については「一方の当事者が相手方との会話を録音することは、たとえそれが相手方の同意を得ないで行われたものであっても、違法ではなく、右録音テープの証拠能力を争う所論は、理由がない」という（二〇〇〇年七月一二日判決）。

ただし、秘密に録音した音源を、外部に公開すると、民事訴訟で名誉毀損などとして訴えられる危険性が出てくるので注意が必要となる。

取材内容を秘密録音した「朝日新聞」の社会部記者が、退社処分を受けるという事件が二〇〇四年に起こっている。

ここで問題となったのは、秘密録音自体ではなく、取材前に「録音しない」と約束したにもかかわらず録音し、しかも録音テープが外部に流出し、怪文書を作るのに使われてしまったからだった。「朝日新聞」は、「取材源の秘匿」の原則に触れるとして社会部記者を処分した。

もし、企業が就業規則などで社内での録音を禁じていた場合はどうだろう。

たとえば、労働者がパワハラなどの証拠を保全する目的で秘密録音をしていた場合、それが就業規則違反だとしても懲戒処分を加えることは許されないとする判決もある（東京地裁二〇一六年四月一一日判決）。

私自身の例を挙げよう。

二〇二一年に、アメリカでの一年間の取材を終え、日本に帰ってきたら、新型コロナ対策の一環で、成田《なりた》空港で三日間、厚労省が借り上げたホテルで強制隔離となった。そこの宿泊施設の運営が刑務所みたいで、人権という観点から問題があると考え、記事として書くため部屋にやってきた厚労省の役人とのやり取りを録音した。

その際、その役人が居丈高にこう言い出した。

「あなた、私の許可なしに、この会話を録音しているでしょう。録音を消しなさい」

こちらは冷静に、われわれの会話を録音するのにあなたから許可を得る必要はないことを伝え、録音を続け、その様子もあとに発表した記事に書き込んだ。

こうした発言をする人に限って、録音した音源がなければ、あとになってそんなことは言っていない、と前言を翻したりするものだ。

秘密録音と似ているのが盗聴。秘密録音が当事者の会話の録音であるのに対し、盗聴とは、第三者の会話を無断で録音すること。日本では、盗聴自体を違法にする法律はないが、アメリカでは違法行為。

その違法な手段に手を染めたため、高い代償を支払ったのがアメリカの大統領リチャード・ニクソンだ。

ニクソンが敵対する民主党本部への盗聴事件で大統領辞任に追い込まれたのは一九七四年のこと。ウォーターゲート事件として知られる。

この事件を調査報道によって暴いたのが、「ワシントン・ポスト」紙だ。ニクソンが辞任に追い込まれたのは、違法な盗聴を指示したことに加え、その後の捜査を妨害したり、もみ消しを図ろうとしたりしたことが暴露され、取り返しのつかないダメージを受けたからだ。彼は連邦議会に弾劾訴追されてホワイトハウスから放り出される直前に、自ら辞職する道を選んだ。

「ワシントン・ポスト」紙のボブ・ウッドワードとカール・バーンスタインが、事件の全容を書いた『大統領の陰謀』は、ジャーナリスト必読の書である。粘り強い調査報道が、時の大統領を辞任に追い込んだ金字塔ともいうべき作品だ。

駆け出しの記者二人が、最高権力者である大統領をペンの力で辞任にまで追い込む調査報道の手法や、その姿勢には学ぶべきところが多い。

続編として、事件から三〇年以上たった二〇〇五年に『ディープ・スロート　大統領を葬った男』が、ボブ・ウッドワードによって書かれている。ウッドワードに政府の情報を流し続けた匿名のニュースソースである〈ディープ・スロート〉が、当時のＦＢＩの高官だったことを打ち明ける裏面史も興味深い。現在では八〇代となったウッドワード、バーンスタインともに、未《いま》だに現役のジャーナリストとしてアメリカ政治を追いかけていることも瞠目《どうもく》に値する。

潜入取材が営業秘密の暴露になることは、まずない

潜入取材でもう一つ悩ましいのは、果たして、潜入取材という手法は、企業の守秘義務契約に抵触するのか、という点だ。アルバイトの採用の際、採用条件に、守秘義務を守れという文言が入った書類にサインした場合、潜入取材によって罰せられることはあるのか。

結論から言えば、会社の規則として罰することはできるかもしれないが、法律上の効力は極めて疑わしい。

言うまでもなく、会社の規則より、法律の方が上位概念だ。法律で罰することができないことを会社の規則で罰することは、規則として破綻《はたん》していることを意味する。つまり、そんな規則に従う必要はないのだ。

役員や正社員のみならず、アルバイトやパートにまで守秘義務を守れと、毎日のように念を押すのがユニクロだった。たとえば、ある店長は、朝礼の最後に、「今話したことは企業機密ですので守秘義務にあたります」とくぎを刺すのを忘れなかった。

そのユニクロへの潜入ルポを書く時、新しいことを試みた。現在進行形で働いている間に、その事実を書いたのだ。これまでも、さまざまな潜入ルポが書かれてきたが、取材の途中で記事や書籍にした書き手を私は知らなかった。

そこには、〝守秘義務絶対主義〟ともいうべきユニクロの潜入取材の内容を、アルバイト

の在職中に書くとどうなるのか検証したいという気持ちがあったからだ。

そう考えて、二〇一六年一二月に発売された「週刊文春」に「ユニクロ潜入一年」という記事を書いた（あとに出版される本の書名も『ユニクロ潜入一年』だった）。週刊誌が発売されたのは木曜日のこと。新聞広告にも、電車の中刷り広告にも、「ユニクロ潜入一年」の大きな見出しが載った。

私は、土曜日にビックロでのシフトが入っていた。雑誌の発売からシフトが入る前に、辞めてくれという話がくるのだろうか、と思っていたのに、ユニクロからの連絡はない。

土曜日にビックロに出勤すると、すぐに店長室に呼ばれた。店長室には、本社の人事部の部長が、「週刊文春」を持って待っていた。

「この週刊誌の記事を書かれたのはあなたですよね」

――そうです。

「本日出勤予定だったんですけれど、当店を退職するご意思はないんでしょうか」

――ありません。

「ならば、当社のアルバイト就業規則に抵触しているということで解雇通知をさせていただきたい、と思います」

――というと、この記事のどこが就業規則に抵触しているのでしょうか。

そう私が突っ込むと、人事部長がひるんだ。

「週刊誌に記事を書かれたということは、当社の信用を著しく傷つけたということです」

さらに私が、「記事のどこが就業規則に違反するのか」と問えば、こう答えた。

「アルバイト就業規則の、故意または重大な過失により当社に重大な損害を与え、または当社の信用を著しく傷つけたとき、という箇所に当てはまると判断しました」

――ならば、懲戒解雇ですか。

「懲戒解雇ではありません。諭旨退職です」

ここが大切なポイント。

懲戒解雇ではなく、諭旨退職であるという点が大事だ。

守秘義務を守れ、と言い続けたユニクロだが、アルバイトの日々の業務内容を綴《つづ》った週刊誌記事を書いても、懲戒解雇にはできないのだ。

諭旨退職というのは、雇用主が従業員を説得して、雇用契約を終了させるもの。退職金や給与、賞与などの支払い面では自主退職と同じだ。

私の場合、辞めさせられなければ働くはずだった一二月の給与にあたる一〇万円強が、働いていないのにもかかわらずユニクロから振り込まれた。なぜ働いていないのに給与が支払われたかといえば、労働基準法に、雇用主の都合で従業員を解雇する場合、三〇日前に予告をするか、三〇日分の平均給与を支払う必要がある、と定められているからだ。

それに対し、懲戒解雇とは、従業員が重大な違反行為を起こした場合の雇用契約の打ち切りを指す。三〇日分の給与も退職金も、支払われない。懲罰的な意味合いが非常に濃くなる。

ユニクロの経営トップとしては、できることなら私を懲戒解雇に処したかっただろう。しかし、アルバイトが知り得ることを雑誌に書いたとしても、懲戒解雇にはできない。

この場合、諭旨退職も適法なのか。これは不当解雇にあたるのではないか、という疑問が残るのだ。だが、もともと働き続ける意図がないのに、不当解雇を争うために裁判を起こすのは潜入取材の趣旨からずれてしまうので、ここではそれ以上追及するのを諦めた。

企業秘密の漏洩《ろうえい》が問われるのは、どういう事例だろうか。

その教科書的な事件が起きた。

回転ずし店〈かっぱ寿司《ずし》〉の元社長が二二年、転職前に在職していた〈はま寿司〉の仕入れ情報を不正に持ち出した疑いがある、として刑事告訴された。容疑は他社の営業秘密を入手して、自社が有利になるように使ったという不正競争防止法違反だ。翌二三年、東京地裁は、元社長に懲役三年、罰金二〇〇万円の判決を言い渡した。

新聞報道によると、かっぱ寿司の元社長は、はま寿司の親会社の幹部だったとき、はま寿司の商品原価や食材の使用量などに関する営業秘密のデータを不正に取得。その直後、かっぱ寿司に転職し、さらに、かっぱ寿司の商品企画部長にデータをメールで送った。データの閲覧に必要なパスワードは、元部下から聞き出していたという。

会社の幹部が営業データをごっそり持ち出して、ライバル会社に転職してそれを悪用するのなら、法に触れるのだ。

この不正競争防止法というのは、営業秘密を保護するために作られた法律で、成立するための要件は三つ。一つは秘密管理性で、情報が秘密として管理されていること、二つ目は、非公知性で、公然と知られていない情報であること、三つ目は有効性で、生産方法や販売方法、そのほかの事業活動に有益な技術上、または営業上の情報であること。

最もハードルが高いのは、一つ目の秘密管理性で、文書なら「マル秘」などとはっきり明記されて、鍵《かぎ》がかけられたキャビネットで厳重に管理されていたり、コンピュータ内の情報ならパスワードをかけているような場合である。

はま寿司の場合、パスワードをかけて管理していた情報が盗まれた点が問題だった。

さらに、回転ずしチェーン店にとって、原材料となる魚をいくらで、どこの業者から仕入れているのかというのは、営業秘密にあたる。たとえば、仕入れている業者と、仕入れ価格を知ることができれば、「うちには、もうちょっと安く卸してよ」と商談を仕掛けることもできる。これは二番目の非公知性や、三番目の有効性にも引っかかる可能性がある。

振り返って、ユニクロの時給一〇〇〇円で働くアルバイトが知り得ることが営業秘密になるのか。その可能性は極めて低い。

最大の理由は、アルバイトが日々の作業で知り得る情報を鍵をかけた場所に保管したり、パスワードがないと閲覧できないような秘密として管理していては、日々の仕事が回らないからだ。

このため企業や組織の底辺部分から潜り込む通常の潜入取材が、営業秘密の暴露になる可能性は極めて低い。ただ、くれぐれも鍵のかかった戸棚や、パスワードを盗んでパソコンから情報を盗《と》ってくることがないよう注意してほしい。

隠しカメラの扱い方

メモと秘密録音以外にもう一つ記録手段がある。それが隠し録画だ。

メガネ型の隠し撮り用のカメラがある。私が初めて買った一〇年ほど前は、秋葉原《あきはばら》に怪しげな盗撮専門店が二店舗あり、そこでしか売っていなかった。値段は五〇〇〇円強。しかし、今ではアマゾンなどのネット通販を使えば簡単に手に入るようになった。

ユニクロで働いていた時、私は毎週、回覧される柳井正の〝お言葉〟をメガネカメラで録画して、家で文字に起こし柳井語録を作った。また、先に書いた人事部長に首を切られた日は、通常の出勤日と違い、何が起こるのかはまったく予測がつかなかったが、その一部始終を記録しておきたい、と思ってメガネカメラを使った。

バイトに出勤するためビックロの店内に足を踏み入れる時から、隠し撮りのカメラをオンにした。休憩室のあった三階まで上っていき、そこで店長室に呼ばれる。店長室で人事部長に辞めてくれ、と切り出されたことは先に述べた。その一部始終を、隠し撮りで録画していたのだ。

録画した映像をあとで見ると、私の出勤を待ち構えるパワハラ気質の総店長の姿や、私を店長室に迎えに来た社員が慌てて私の座っていたパイプイスをしまおうとする様子（ユニクロでは、幼稚園のように、自分の使ったイスは自分で片づけるようにと口を酸っぱくして言われる）、店長室で待っていた人事部長が濃紺の背広に白のボタンダウンで、ノーネクタイという出で立ちであったことも映っている。

映像が伝える情報量は、メモや録音と比べるとはるかに多い。目視では、私を待っている総店長の姿には全く気づかなかった。これから何が起こるか分からないという緊張感で視野が狭くなっていたのだろう。だが、隠しカメラは、そうした私の精神状態とは無関係に、映像を残してくれていた。人事部長の服装も、彼とのやり取りに気を取られ、すっかり記憶から抜け落ちていた。一〇分ほどの映像であるが、その映像に沿って、原稿を書いていくと、

「週刊文春」の連載二回目となる、「ユニクロ潜入記者　12月3日解雇されました」という四ページの記事が出来上がった。

このメガネ型の隠しカメラの難点は、扱いにくさにある。ＩＣレコーダーで隠し録音をするのと比べても格段に難しい。撮影の開始と終了の切り替えだけでも一苦労する。撮ったつもりが、なにも映ってなかったことが何度もあった。電源を入れたり、切ったりする動作を体得するために、メガネを買った隠し撮り専門店に何度も足を運んだ。

その上、カメラがとらえている位置が分からない。どの角度でメガネをかけると、狙った視線の映像が撮れるのかを体得するため何度も試行錯誤するしかない。しかも、映像の録画時間も、三、四分と短く、それ以上になると分割して保存される。非常に使い勝手が悪いのだ。

ソニーや東芝、アップルのような一流メーカーが作ってくれれば、使い勝手も向上するのだろうが、盗撮にも使われかねない怪しげな製品だからなのか、大手はなかなか手を出してこない。作っているのは、聞いたこともない中国メーカーとなる。

この隠しカメラは、『ユニクロ潜入一年』を書き終えた直後に再び潜入したアマゾン・ドット・コムの小田原《おだわら》にある物流センターでも使った。

巨大企業となったアマゾンに再び潜入する

秘密主義という点では、アマゾンはユニクロを上回る。「ニューヨーク・タイムズ」紙のコラムニストは、アマゾンを「最も秘密主義のテクノロジー企業」と書いている。

私はアマゾンの物流センターに二回潜入した。最初は市川塩浜にあったセンターで半年アルバイトとして働き、『潜入ルポ　アマゾン・ドット・コムの光と影』を書いた。

それから一五年たって、今や何でも買える〝エブリシング・ストア〟にアマゾンは成長した。何がどう変わったのかを知る端緒をつかむため、私は国内最大規模の小田原にある物流センターに再度潜入した。

時給は一〇〇〇円。労働時間は、午前九時から午後五時まで。作業は、以前と同じで、注文された商品を探してくるピッキング。

アマゾンが巨大化していった間、テクノロジーは進化して携帯電話の機能も格段に充実した。スマホになってからは、写真のみならず動画も撮れ、ネットにも常時つながるようになった。

アマゾンにとって、物流センターは企業秘密がぎっしり詰まっているという考えから、アルバイトが物流センターの様子を撮影することを禁止するため、スマホを作業現場に持って入れない。作業現場に入る前、ロッカー室に置いて行かなければならない。

採用面接の時に手渡された小冊子には、「倉庫内の情報の外部流失の防止」という項目があり、絶対に持ち込んではいけないものとして、「携帯電話（通信、撮影、録画、録音のできるもの）」と赤字で書いてある。

さらに、注釈として「携帯電話の没収のみならず、返却される前には通信・通話・メールの履歴、内容も確認されます。情報漏洩がないかを確認するため」とある。プライバシーの尊重も個人情報の保護も、知ったこっちゃない。何があっても物流センター内の情報の漏洩は阻止する、という姿勢が明確に表れている。

持って入っていいのは、財布、鍵、腕時計、メガネぐらい。

退勤する時は、空港にあるようなセキュリティーゲートをくぐらなければならず、スマホを持って入れば、出口で必ず発覚するようになっている。もし、見つかったあとで、スマホの提出を拒めば、雇用契約は打ち切られる。

しかし、ゲートをくぐる前に、財布や時計、メガネなどは先に外して通ることができる。よって、隠しカメラは、アマゾンの物流センターの中に無事、運び込むことができた。

物流センターで働く間、私はメガネ型カメラで物流センター内の様子や作業風景を撮り、センター内の詳細を書き写すことができた。最も役に立ったのは、センター内の至る所に貼り出されている注意書きや、作業効率などの統計数字。立ち止まってメモに書き留めるのは不自然だったので、画像を見ながらメモに起こした。

物流センターの潜入取材を終えた後、私は国内外でアマゾンの声を集めた。その中でも話を聞いてみたいと思っていたのは、アマゾンに潜入したイギリスの新聞記者だった。

日本では、潜入取材といえば、いまだに色物あつかいされる。真っ当な取材方法というより、ちょっと変則な裏技というあつかいだ。だが、〝潜入取材大国〟のイギリスは違う。

イギリスでは、夕方のニュース番組などで、違法に麻薬を売っているという町の個人商店に隠しカメラを持った記者が客を装って入り、密売の事実を暴く、といったニュースが流れるほど潜入取材という手法が社会に浸透し、市民権を得ている。

卑怯なのは情報を公開しない企業

アマゾンも、その企業規模が大きくなるにつれ、潜入取材のターゲットとなっていた。

イギリスにおけるアマゾンの物流センターへの潜入取材について調べたところ、一三年のBBC放送を皮切りに、「オブザーバー」紙や「ガーディアン」紙、「フィナンシャル・タイムズ」紙などが合計で一〇回以上にわたって、潜入ルポを掲載していた。強引に日本に当てはめるなら、NHKや「朝日新聞」、「日経新聞」といった大手メディアの記者が、アマゾンの物流センターに潜入し、それをニュースや記事にするという感じである。

私がイギリスで取材を申し込んだのは、私と同じ時期に、イギリスの物流センターに潜入して連載記事を書いた「サンデー・ミラー」紙の記者アラン・セルビーだ。

セルビーの話を聞いたのは、ロンドンにある国会議事堂近くのホテルの喫茶店。身長は一七〇センチ以下と私より小柄ながら、しっかりと鍛えられた体つきが印象的だった。彼が働いたのはロンドン郊外の物流センター。業務内容は私と同じピッキング。勤務時間は、午前七時三〇分から午後六時までと、私と比べるとはるかにきついシフトだった。三週間働いて、六〇キロ台だった彼の体重は六キロ減った。

連載記事は、大きな反響を呼んだ、とセルビーは言う。

「新聞の発行部数は六〇万部だけれど、ネットで記事が読まれた回数は数千万PVに達した。サンデー・ミラー紙として最も読まれた記事になった。何百人という読者からメールや電話が寄せられた。その多くは、私がアマゾンで働いた体験も聞いてほしい、というものだった。反響が大きかった理由の一つに、腕時計型の隠しカメラを持ち込んで内部を隠し撮りした映像をネットで流したことがあった」

私はその映像を事前に見ていた。自分の作業の様子や、作業ノルマをめぐる上司とのやり取り、物流センター内で突っ伏して眠る労働者の姿などが映っていた。ちゃんとした照明もない、撮影のアングルも固定していない、欠陥の多い映像だったが、その分、臨場感が伝わってきた。

どうして腕時計型のカメラを持って入ろうと思ったのだろうか。

「映像があった方が読者へのインパクトは大きくなると考えた。はじめは、ボタン式の隠しカメラを持って入ろうと考えたが、セキュリティーゲートに引っかかると思って、時計式のカメラに切り替えた。アマゾンのサイトで見つけて三〇ポンド強（当時約五〇〇〇円）で買った商品だった。これならセキュリティーゲートを通るときに、外すことができるだろう」

セルビーはそう言って、左手に巻いていた腕時計を見せてくれた。商品名を教えてもらい、その場で検索してみると、日本では売っていない商品だった。ホテルに戻ると、すぐにイギリスのアマゾンで注文して、日本に持って帰った。

最後に、日本では、卑怯やずるいといった負のイメージが拭《ぬぐ》えない潜入取材に対するイギリスでの評価を聞いてみた。

「潜入取材が必要なのは、企業に正面から取材しても本当のことを答えないからで、企業が自らの不利になることを隠したがるのはイギリスだけじゃないはず。卑怯なのは、情報を公開しない企業の方で、イギリスで潜入取材が非難されることはない」

イギリスを代表するジャーナリストであるジョージ・オーウェルは、金言を残している。

「ジャーナリズムとは報じられたくないことを報じることだ。それ以外は広報だ」

ジョージ・オーウェルの作品としては監視主義がはびこる全体主義のディストピアを描いた『一九八四年』が有名だが、彼の処女作である『パリ・ロンドン放浪記』は、両都市における最底辺の生活に三年間、自ら身を浸して書いた潜入ルポなのである。パリでは朝七時から夜の九時までホテルのレストランで皿を洗い、ロンドンではホームレスと一緒に過ごし、その生態をつぶさに書き残している。

しかし、潜入取材を表看板に掲げてきた私からすると、イギリスではさぞかし取材がしづらいだろうなと想像する。公共放送のＢＢＣや大小合わせた日刊紙まで、潜入取材という方法を採るのにためらわないという状況では、一介のフリーランスのジャーナリストが潜入取材しても、埋没するのが落ちだ。お行儀のいい組織ジャーナリズムが主流の日本の方が、潜入取材が希少価値を生むのだ。

第三章　いかに裏をとるか

トランプ支持者の熱狂

初めて生《ライブ》で見たドナルド・トランプは圧巻だった。

私がトランプの演説を最初に聞いたのは、二〇二〇年一月のこと。再選をかけたトランプの共和党の選挙事務所に潜入するため、その一カ月前から中西部にあるミシガン州にアパートを借りていた。

なぜ、ミシガン州かと言えば、共和党と民主党のどちらにも振れる激戦州であり、一六年の大統領選挙においては、トランプが最小僅差《きんさ》で勝利を収めたからだ。この取材は、『トランプ信者」潜入一年』として上梓《じょうし》した。

ボランティアに申し込むときに身分証明書代わりに使おうと思っていた免許証を取るのに時間がかかったので、その合間に、トランプの支援者集会を見に行った。隣接するオハイオ州とウィスコンシン州にトランプがやってきたのだ。

アメリカ政治にかかわる初歩的な事実を確認しておこう。

アメリカにおいて伝統的な価値観を大切にする保守政党がトランプの率いる共和党で、多様性を追求するのが黒人初の大統領であるオバマを生み出した民主党だ。

オハイオ州では、「ゴッド・ブレス・ザ・USA」という曲に乗って、トランプはブルーのスーツに、トレードマークである赤のネクタイを締めて壇上に現れた。

開口一番、大統領就任以来の功績としてアメリカ国内の経済が絶好調であることを強調した。

「経済は成長を続け、賃金は上がり続け、労働者は好景気の成果を享受している。アメリカの将来が、これほど輝いて見えたことはかつてなかった。アメリカは世界から羨望《せんぼう》のまなざしで見られているんだ」

次いで、地元のオハイオ州の景気について言及した。

「俺が政権についてから、これまで多くの自動車メーカーをオハイオに誘致した。たくさんのメーカーがやってきたんだ。日本のメーカーや、世界中のメーカーがオハイオにやってきた。彼らはアメリカにきたがっているんだ。アメリカこそが、自動車産業の中心なんだから。オハイオは一九年、経済的に見るとこれまでで最高の一年だった」

そのときどきの経済の好不調は、大統領選挙の行方を大きく左右する国民の最大の関心事だ。

好景気なら、現職大統領の追い風となり、不景気は逆風となる。アメリカ全体は言うに及ばず、地元の経済も最高だったとトランプは語るのだった。

つかみはＯＫだ。

会場は演説が始まる三時間前に満員札止め。なかには、氷点下の気温の前夜から徹夜して並んだ筋金入りのトランプ支持者もいた。

トランプの話は、退役軍人の医療問題に移る。日本とは違って、数多くの退役軍人を抱えるアメリカでは、その処遇は大きな政治課題の一つだ。

トランプは壇上からこうつづけた。

「病気になった退役軍人は、新たに俺が作ったプログラムで、病院を自由に選ぶことができるようになったんだ。退役軍人はこれまで、指定された病院で診察を受けるために何週間も待たなければならなかった。もう四〇年以上もそんな調子だったんだ。それで俺がいい考えを思いついた。退役軍人は各自で、医者を選んで治療してもらう。それで治療費は、あとから政府が支払うことにする、とね。そしたら役人が言うわけさ。大統領閣下、私たちはもう長年、それを実行しようとしてきましたが、だれも許可してくれなかったんです、ってね。俺が得意なことは、いい考えには迷わず許可を与えることなんだ」

トランプ節、炸裂《さくれつ》である。

聴衆は、トランプの演説に合わせて、

「USA！　USA！」

「もう四年！　もう四年！」

「トランプ！　トランプ！」

というシュプレヒコールを叫ぶ。熱に浮かされたようなトランプへの支持が、会場内で乱反射する。トランプは、聴衆の声が鳴りやむまで、演台から目を細めて支持者を見渡す。

トランプの弁舌の矛先は、オバマ政権の失政に向かう。

「俺がこの選挙で再選を目指すことにした最大の理由は、オバマのもとで、六万カ所の工場が閉鎖されたからだ。考えてみてくれよ。国内の六万カ所が、メキシコや中国に移転してしまった。アメリカの地図を広げ、六万カ所の点を描いてみて、それが全部なくなってしまったとしたら恐ろしいことじゃないか。だが、安心してくれ。俺が政権を取ってからは、すべての工場がアメリカに戻り始めている。すでに一万カ所以上の新工場が稼働をはじめた」

聴衆を虜にするトランプ

トランプがバラク・オバマに対して激しい憎悪の念と劣等感を抱いていることは、アメリカ人なら誰もが知っている。トランプがオバマを憎む最大の理由は、オバマの再選を阻むためにトランプが大統領選に立候補するのに失敗したとき、オバマがテレビカメラの前でトランプをさんざん笑い物にしたからだ。

トランプの受けた屈辱は計り知れなかった。トランプがその後、なんとしても大統領になろうと決意したのは、自分を虚仮《こけ》にしたオバマへの復讐《ふくしゅう》を果たすためだった。

大統領になると、トランプはオバマ政権の政治遺産をひっくり返すことを無上の喜びとした。オバマの政治遺産とは、オバマケア（医療保険制度改革）やイランとの核合意などを指す。

トランプはこう続ける。

「オバマの失策は景気だけじゃない。オバマは、核合意したイランに一五〇〇万ドルも与えた。しかも、そのうち一七万ドルは現ナマでだ。信じられるか」

この短い文章をしゃべる間、支持者からのブーイングが三回も挟み込まれる。トランプのオバマへの敵意が、支持者にも乗り移ったかのようだ。

「オバマが結んだイランとの核合意のせいで、イランがアメリカを攻撃する財源を手に入れただけじゃなく、核の包囲網の突破を許したんだ。この合意はもうすぐ期限切れとなり、イランは核兵器を作る能力を手に入れるが、イランには核兵器を作らせない、と俺が保証しよう」

壇上に立ったトランプは水を得た魚のように、自由闊達《かったつ》に話し、縦横無尽に聴衆を楽しませた。トランプは、まるで手練《てだ》れの人形遣いで、会場に集まった支持者という人形を自由自在に操った。聴衆は、トランプの掌《てのひら》で転がされ、歓喜し、叫び、怒りながら大満足して帰っていった。

聴衆はほぼ白人

その翌週、私は再びトランプを見るために、ウィスコンシン州に足を運んだ。

会場はミルウォーキーの中心部にあるスポーツ施設だった。演説が始まる前に満員札止めとなった。

トランプが大音量でかかるマイケル・ジャクソンのヒット曲「今夜はビート・イット」に乗って登場したのは午後七時ちょうど。

トランプはこの日も、経済の功績から売り込みを始めた。

「経済は好調を続け、賃金は上昇、貧困率は急降下し、犯罪も大幅に減っている。俺が大統領になって、七〇〇〇万人もの雇用を生み出したんだ。それだけじゃない。ウィスコンシンの失業率も、史上最も低い数字となった。どうだ、いいニュースだろう」

この日の聴衆は、ほぼ白人で占められていた。目測では、九割以上といったところか。この日に限らず、トランプの支援者集会はいつでも白人の聴衆が圧倒的に多い。トランプ率いる共和党が、白人の、白人による、白人のための党であることは確かだ。

ところが、次のトランプの言葉はそうした考えをあえて打ち消そうとする。

「俺が達成したことの中でも一番気に入っているのは、黒人や、ヒスパニック系、アジア系の失業率が、史上最も低い数字になったことだ。これまでひどかった黒人の失業率も、最も低くなっている。だから、誰も想像できなかったようなペースで黒人が共和党に入っているんだ。リンカーンを除けば、俺は最も黒人寄りの大統領だ」

有色人種だけではない。低所得者もトランプ経済の恩恵に浴している、とつづける。

「トランプ政権下の経済では、低所得層の人たちが最も大きな賃金の上昇を果たしている。〝ブルーカラー層の好景気〟が起こっているんだ。共和党政権では、金持ちだけがさらに金持ちになるなんて言うが、そんなのはウソっぱちだ。貧困層こそが最も大きな経済的恩恵に浴している」

聴衆を魅了し続けたまま、一時間半の演説はあっという間に終わった。大半の聴衆は充足感に包まれ、家路についた。

しかし、その聴衆の中にあって私はどこかで違和感を抱いていた。

あまりに話がうまくできすぎていないだろうか。

もしトランプが主張する通りの実績を上げているのなら、なぜ、トランプの支持率が、史上最低にとどまっているのか。

黒人の共和党支持が増えているのなら、なぜ、集会で黒人の姿を見かけることがないのか。

釈然としない思いを抱いたまま、私はホテルに戻り、ベッドに潜り込んだ。

演説はウソだらけだった

その翌日、ネットで前日の集会の記事を探していると、いくつものメディアが、トランプの集会での発言を事実確認《ファクトチェック》した記事を見つけた。

それらの記事を読んでいくと、トランプの演説にどれだけウソや事実誤認、紛らわしい発言が紛れ込んでいたのかがわかってきた。

大統領就任以来、トランプの発言をファクトチェックしつづけてきた「ワシントン・ポスト」紙によると、ウィスコンシン州の演説だけで、七〇カ所を超す部分がファクトチェックされ、間違いやウソ、誤解を招くと判定されている。前回のオハイオ州の演説では一一〇カ所以上が同様の指摘をされている。

経済が絶好調というのもウソだ。退役軍人のプログラムを作ったのはオバマだったし、オバマ政権で閉鎖した工場の数も大幅に水増しされていた。経済の恩恵を受けているのが貧困層であるというのもウソ。最も所得が伸びているのは上位一〇%の人びとだった。

なかでも、トランプのウソの最たるものが、自分は最も黒人よりの大統領だという主張だ。

ハワード大学の教授であるマイケル・ファントロイは、こう話す。

「これはトランプの発言の中でも、最も不遜《ふそん》な発言だ。トランプは歴代の大統領に比べ大きく見劣りがするだけでなく、黒人への貢献度ということでは最低に近い」

なんだか前日は美味《おい》しそうにみえて平らげた料理が、翌日になって、ゴキブリやネズミが走り回る不衛生な厨房《ちゅうぼう》で作られていた、と知らされたような後味の悪さを覚えた。

見ていた映像が急に暗転したような錯覚に陥った。

若い女性の後ろ姿だと思っていたスケッチ画が、実は老婆の顔だったという騙《だま》し絵を見たときの薄気味悪さにも似ている。

どうすれば、こんな手の込んだデタラメを口にできるのか。これが全部ウソだとすると、何を信じればいいのか。トランプの演説をファクトチェックしていくと、視界が歪《ゆが》んでいくような錯覚に陥る。

この章の前半では、ウソと偽情報に満ちた二〇二〇年の米大統領選をさかのぼることで、事実確認《ファクトチェック》の重要性について考える。ウソさえ丸のみにするトランプ支持者とのやり取りを通し、事実確認が一筋縄ではいかない作業であることを明示する。同時に、事実を社会で共有することができなければ、民主主義が崩壊に直面する危険性があることについても考察する。後半では、アマゾンやユニクロの事例からどのように事実確認をしていくのかを思考する。

トランプのウソは次元が違う

トランプは息を吐くようにウソをつく。

アメリカのメディアが、トランプに対して身構えたのは、トランプの就任式からだった。

就任式への参加人数は推定で二五万人。オバマ一期目のときは一八〇万人だったから一桁違った。

一六年の大統領選挙では世紀の大番狂わせを演じ、ヒラリー・クリントンを破ったトランプだったが、それは辛勝だった。僅差でクリントンに競り勝ったが、圧勝で選挙を制したオバマと比べて人気がないのは当然だった。

しかし、トランプはその事実が受け入れられない。

トランプは翌日、「俺が演説をして、この目で見た。俺には参加者の数は一〇〇万人か、一五〇万人くらいに見えた」と発言し、「記者とは地上で最もウソにまみれた人間だ」と批判した。

トランプの意を受け、大統領報道官が記者会見を開き、メディアを非難した。

「就任式の参加者数は過去最大だった。就任への熱意を弱めようとするのは恥ずべき行為で、間違っている」

ところが、メディアがオバマとトランプの就任式会場の航空写真を公開し、トランプの参加者が少ないことが一目瞭然《りょうぜん》となると、トランプの側近がニュース番組に出演し、トランプ側の主張は「もう一つの事実に基づいている」と語り失笑を買う。

就任式の参加者数に関する事実は一つであり、もう一つの事実など存在しない。「もう一つの事実」とは、ウソにほかならない。

アメリカのメディアは、これで身構えた。

たしかに、就任式の参加人数は大した問題ではない。だが、こんな明白な事実さえも認めず、自分たちの都合のいいように捻《ね》じ曲げようとする。こんな大統領は、史上初めてだった。メディアはトランプの発言をファクトチェックすることが必要だ、と考えた。

この事実確認に最も熱心だったのが、「ワシントン・ポスト」紙だった。事実確認の取材班を組んで、トランプの発言を追い、本当か、ウソかを判定した。この事実確認に特化したことで同社は、購読収入を大きく増やしている。

事実確認の基本は、取材を尽くしたうえで、相手に直接訊くことだ。政治家や芸能人の醜聞を暴く記事の最後にしばしば当事者への直撃取材があるのは、書かれる本人こそが最も事情に詳しいはずだと考えるからだ。相手にとって不利な事実ほど、丁寧に相手の言い分を聞き、両論併記を心がけることが必要となる。

しかし、毎日のトランプの主張を事実確認するとなると話は違ってくる。「ワシントン・ポスト」紙やCNNのように誰かが常に見張っていないと、ウソを掬い取り切れない。トランプのようなウソの常習犯の場合、大手メディアの専門部隊に判定を委ねるしかない。

なぜ事実が大切なのか。

民主主義の社会では、市民一人ひとりが、行政や政治、経済に対しお客様ではなく、当事者であり、さまざまな場面で決定を下していく。その判断の基盤になるのが事実だ。

市民が判断するのは選挙のときだけではない。

たとえば、時の大統領が、相手陣営に盗聴器を違法に仕掛けていないか、時の首相が、海外の航空機メーカーから賄賂《わいろ》を受け取っていないか、巨大ネット通販企業が脱税すれすれの方法で税金を逃れていないか。

かりにそれまで買い物をしていたネット通販企業が税金を払っていないことを知れば、ライバルのネット通販企業に買い物を切り替えることもあり得るだろう。

そうした判断を下すための材料である事実を報道するのが、マスコミの役割だ。よって、マスコミは事実を自らの都合がいいように歪曲《わいきょく》しようとする権力を徹底的に監視する必要がある。

もちろん、ウソをつく大統領は、トランプが初めてではない。

ビル・クリントンは、ホワイトハウスの実習生だった女性との不倫関係を尋ねられ、「彼女と性的関係を持ったことはない」とウソをついたことで、弾劾裁判にかけられた。ジョージ・W・ブッシュ(子)は、「イラクが大量破壊兵器を持っている」と虚偽の事実を語り、アメリカをイラクとの長期間にわたる戦争に引きずり込んだ。

だが、トランプのウソは次元が違う。「ワシントン・ポスト」紙が数えた、大統領在任の四年間にトランプがついたウソは、三万回を超えた。

トランプのウソにはいくつかのパターンがある。一つは同じウソを何度も繰り返す。一番のお気に入りは、経済が最高だというウソ。二番目は、減税に関するウソ。三番目は、メキシコとの国境に作った壁に関するウソ。不正選挙に関するウソは四番目となる。

もう一つは、任期の終盤になるにつれ、尻上《しりあ》がりにウソの回数が増えてくることだ。ウソをつくことで不利な選挙戦の形勢逆転を狙った。

亡くなった元首相の安倍晋三《あべしんぞう》が、公的行事の〈桜を見る会〉をめぐって選挙区の支持者を大量に参加させ、私的に利用した疑いで、首相在任中に国会質疑の中で行った虚偽答弁は一〇〇回以上に上る。政治家のウソは常に厳しく追及されるべきだが、しかし、トランプの三万回を超えるウソの前では、安倍晋三の悪質ささえもが子ども騙しのようにかすんで見える。

鉄板支持者

私が二〇二〇年の大統領選挙を一年かけて取材しようと思い立ったのも、このトランプという民主主義に敵対する〝ジョーカー〟のような大統領を、アメリカが再選させるのか否かを、現地に貼り付いて取材したいと思ったからだ。

二〇二〇年一一月の大統領選挙で、トランプはジョー・バイデンに敗北し、再選を果たすことはできなかった。

敗因はどこにあったのか。

それはトランプのつくウソが、最終的にはトランプ自身の首を絞めることになったからだ。私は、共和党の選挙ボランティアとして一〇〇〇軒超の家を訪問したり、多くのトランプの支援者集会に足を運んだりして、そのことを確信した。

戸別訪問で、四〇代の男性に話を聞いたのは二〇年春先のこと。

七〇代の白人男性の家を訪ね、アンケートを取り始めようとしたところ、息子を名乗る男性が、私たちの間に割り込んできた。

「なんだって、ミシガン共和党のボランティアだって。ならば、オレがアンケートに答えてやるよ」

そう、挑みかかるように言う。赤のトランプの帽子を被《かぶ》り、迷彩柄のTシャツにもトランプの文字が入っていた。

「もちろん、トランプを支持するよ。投票方法だって？　選挙日当日に自分で投票するに決まっているじゃないか。郵便投票なんて不正の温床だって、トランプが言っているだろう。あれはダメなんだ。

オレは共和党員じゃない。無党派としてトランプを支持しているんだ。なぜかって？　トランプはこれまで、オレたちみたいな労働者のために、多くの約束事を果たしてきてくれたからだよ。経済状態は最高だろう。株価は右肩上がりだ。白人ばかりか、黒人やアジア系の失業率も史上最も低いんだぜ。選挙で、トランプが苦戦しているなんて言っているメディアもあるが、そんなのは全部フェイクニュースさ」

二〇年三月の新型コロナによる非常事態宣言以降、その対策として、郵便投票が広がることになったが、トランプは郵便投票が不正の温床になり、選挙が盗まれることになる、と誤った主張を繰り返してきた。

男性の主張は、トランプのウソをなぞったものだった。

しかし、こうした鉄板支持者に、事実確認は通用しない。知りたい情報だけを、ネットやSNS、極右のメディアから収集するが、それが事実であるかどうかについては、関心を示さない。

自分たちの都合のいい情報だけに囲まれて生活している。彼らはネット上でフィルターバブルに囲まれたエコーチェンバーの中に隔離されているので、耳の痛い事実は届かない。

彼らが大事にするポイントは、大統領であるトランプが発信する情報がウソであるはずがない、というもの。彼らとどれだけ事実について話し合っても、議論は平行線をたどるだけ。ファクトチェックで事実を繰り返し突きつけても、鉄板支持者がその考えを変えることは一度としてなかった。

トランプのウソは、鉄板支持者の団結を固めた。

その典型ともいえるのが、退役軍人のエドワードだった。話を聞いたのは、新型コロナが猛威を振るっていたころの支援者集会でのこと。

「新型コロナによる死者が一七万人を超えるだって、それはウソだよ。CDC（米疾病対策センター）の発表だって？　そりゃフェイクニュースだ。交通事故で死んだのに、新型コロナによる死亡者と数えられた例もあっただろう。今、発表されている数字は、実際より大きな数字になっている。なぜかって？　経済的な打撃が大きいほど、トランプの再選に不利に働くからさ」

エドワードは、こちらの当惑顔に気が付いたのか話を続ける。

「ニュースのほとんどはフェイクニュースだよ」

——では、フェイクニュースと事実とは、どこで線引きをするのですか。

「トランプからのツイッター（現・X）さ。大統領から直接、言葉が届くんだぜ。こんなことは今までなかった。トランプのツイッターの内容が、事実かどうかを判断する基準になる。なんせトランプは選挙で国民に選ばれて、大統領になったんだからな」

当時のトランプのツイッターアカウントには、約八八〇〇万人のフォロワーがいた。スマートフォンを操作するだけで、瞬時に自分の言いたいことが支持者に届く。トランプにとって、ツイッターのアカウントは最大の〝政治資産〟だった。

——トランプはこれまでもウソを繰り返してきました。

「それはだれが言っているんだい。『ワシントン・ポスト』紙だって？　ヤツらがフェイクニュースなんだから、そんなものがあてになるわけがないだろう」

トランプのウソまで鵜呑《うの》みにする鉄板支持者は、有権者の三割前後を占めるといわれる。トランプは、ウソをつくことでアメリカ社会に分断と混乱を引き起こし、鉄板支持者を固めてきた。

たとえば、新型コロナの失政については、トランプに責任はなく、州政府の責任だと言い張った。白人警官が、逮捕した黒人男性を公衆の面前で絞殺した事件が起こり、デモが全米に広がったとき、ホワイトハウス付近でデモ隊に催涙弾を打ち込んでねじ伏せようとした。鉄板支持者は、そうしたトランプの強硬で偏狭なやり方に快哉《かいさい》を叫び、忠誠心を一層高めていく。

しかし、大統領選挙で再選を果たすには、有権者の三割では足りない。トランプの鉄板支持者が三割とするなら、同じぐらいトランプだけにはどうしても投票できないというアンチ・トランプ派がいる。

トランプは自らのウソに飲み込まれ負けた

勝負の行方は、鉄板支持者でもアンチでもない、その中間に位置する人たちが誰に投票するのかにかかっている。

ボランティアとして戸別訪問を続けていると、トランプの強引なやり方に戸惑う共和党支持者に何人も出くわした。

以下に登場する五人は共和党支持者だが、トランプには票を投じる気になれないという人たちだ。

医療に従事しているという八〇代の男性は、自宅の庭にあったトランプ支持の看板を下げた。

「トランプはまだ、新型コロナのワクチンどころか治療薬も出来上がっていない時期なのに、『心配はない』、『すぐ収まる』なんて口からでまかせを繰り返す。そんなふうに楽観視する根拠はどこにもない。医療の素人であるトランプは、新型コロナの対策を専門家に委ねるべきだ。テレビの記者会見に、毎日のようにしゃしゃり出てきて、専門家を無視して好き勝手にしゃべって、しまいには消毒液を体内に注射すれば新型コロナが消えていくなんてデマを口にする」

新型コロナは心配ないというウソが、トランプの首を絞めようとしていた。

六〇代の男性は、トランプのツイッターが嫌いだという。

「ツイッターを使った個人攻撃が多すぎる。ミシガンの州知事もその対象になっている。たしかに知事の新型コロナ対策は、全米一と言われるほど厳しかったが、しかし経済活動を再開する前に、新型コロナを封じ込めなければならないという政策には賛成するよ。対するトランプは、あまりに無策すぎた」

五〇代の男性も同じ意見だ。

「トランプの言動が極端すぎて、共感するのが難しいことが増えてきた。トランプはすぐにツイッターをやめるべきだな」

四〇代の女性は、別れた夫から家庭内暴力を受けたことがある、と打ち明ける。

「トランプの言動を見ていると、どうしても自分の体験を思い出してしまうので、拒否反応が出てしまうわね。我が家には、娘が五人もいるので、なおさらね」

七〇代の女性もこう話す。

「我が家は祖父母の代からみんな共和党支持者なのよ。親戚《しんせき》も全員ね。市場に任せて経済をよくするという経済政策には大賛成よ。けれど、何でも力ずくで解決したがる姿勢には問題があると思うわ。もっと対話が必要よね。このままだと、トランプに投票する気には、とてもなれないわね」

彼らは、前回トランプに投票したが、今回は投票しないと言う。反対に、前回はトランプに投票しなかったが、今回はトランプに投票するという人に、私は一人も出会わなかった。無党派層だけでなく、共和党支持者にもそっぽを向かれていたトランプが選挙に勝てるわけがない、と私は思った。

こうした人たちには、主要メディアの報道が届いている。その政策の是非を判断する材料を手元に置きながら、トランプに投票するかどうかを決めようとしている。トランプの言動をチェックするメディアが影響力を及ぼした人たちだ。

その結果、民主党のジョー・バイデンがトランプに大差をつけて勝利した。トランプは自らのウソに飲み込まれて負けた、とも言える。

通常の大統領選挙なら、投開票が行われる一一月で決着がつく。敗者が、敗北宣言を出した時点で試合終了となる。

だが、トランプは敗北宣言を拒み、さらに、選挙で不正があったというウソを繰り返すことでアメリカを分断していった。その結果、死者五人を出すことになった二一年一月の〈連邦議会議事堂襲撃事件〉につながった。

アメリカ史の汚点として残ることになるこの事件は、トランプの際限のないウソが引き起こした。

一つ一つのウソを吟味すれば、深刻には見えないものもある。しかし、最大権力者である大統領が四年間にわたり、ウソをつきつづければ、その国の在り方や根幹さえもが危うくなる。

トランプ信者

トランプが敗北宣言を拒んだことで、大統領選挙は延長戦に入った。

この時点から、ファクトチェックも新たな段階に入る。トランプが口にする定型のウソだけではなく、トランプ信者が繰り出すさまざまなウソを腑分《ふわ》けしながら、取材することになった。さながら、ファクトチェックの応用編である。

まずは、〈連邦議会議事堂襲撃事件〉において、武装した集団を送り込んだ白人至上主義集団である〈プラウドボーイズ〉のメンバーからはじめよう。

話を聞いたのは、選挙直後にミシガン州で開かれたトランプ支援のための集会。

「アメリカの伝統文化を守るためにプラウドボーイズに参加した」と言うアーサー・モーガンにこう訊いた。アメリカの伝統文化とは、西洋の伝統文化ということですか？

「そういうことになるよな」

西洋の伝統文化を堅持するという考え方は、白人至上主義の根幹にあたる。

——プラウドボーイズは白人至上主義者の集団と言われています。

「そんなわけないよ。オレたちのリーダーは、黒人だって知っているかい。もしオレたちが白人至上主義者なら、黒人がリーダーになるわけがないじゃないか」

団体のリーダーは、キューバ系アメリカ人であるためたしかに肌の色は黒い。けれども、アフリカから奴隷として連れてこられた祖先を持つアフリカ系アメリカ人とはそのルーツがまったく異なる。肌の黒いリーダーを戴《いただ》いていることは、人種差別主義への目くらましにすぎない。

——あるＮＰＯは、プラウドボーイズのことを白人至上主義的な極右団体だ、と指摘しています。

「だから、それは間違って伝わっているんだってさ！」

私の質問の風向きを感じ取ったのだろう。嫌そうな顔でそう言うと、その場から立ち去りそうな様子になってきた。それならば写真を撮らせてくれ、とお願いすると、大丈夫だとの返事が返ってきた。

最初にモーガンの写真を数枚撮ると、周りで取材の成り行きを見ていた仲間二人も一緒に写りたいと言い出した。

三人が肩を組み、それぞれ片手でOKマークを作り写真に収まった。

このOKマークこそは、白人至上主義者を表すサインなのだ。指の形がホワイト・パワー（WP）の頭文字のように見え、トランプ自身もよく演説中に使うため、白人至上主義者の間での秘密の合図とされている。語るに落ちた、という状態だ。

ジョージア州にトランプがやってくるというので見に行った。

地元で建築業を営むエド・ウィルソンは、「銃＋トランプ」という旗をバックに、こう話した。

「トランプの再選を認めないことは、神に背くことになる。トランプを支えることは、聖書の教えを支持しているということだ」

選挙での敗戦が決定的になった後も、トランプが勝利したというウソを信じている人たちを、私は〝トランプ信者〟と呼ぶことにした。

その信者の一人である彼は続ける。

「神は何でもお見通しだ。聖書に、神はわれわれを子宮で作る前から、われわれのことを知っている、という言葉があるように、人間は全知全能の神の前にひれ伏すことが必要なんだ」

――それは、トランプを支持することは、神を信じることと同じだ、という意味ですか。

「そうじゃない。神はトランプとは別次元の崇高な存在だ。ただ、トランプは神によって、聖油をかけられたんだ」

ウィルソンは、携帯電話を取り出し、一枚の画像を見せてくれた。

星条旗を背景にして、イスに座ったトランプの後ろに、キリストらしき男性が立ち、トランプの両肩に手を乗せていた。ウィルソンはこう説明した。

「アメリカという国で、神の御子《みこ》であるキリストが、トランプの後ろ盾になっているんだ」

トランプとキリストらしき人物の画像を検索すると、画像はすぐに見つかった。

キリストのように見えたその男は、終末思想を持つカルト集団を率いて、キリストの生まれ変わりだと自称していたチャールズ・マンソンだった。白人至上主義者のマンソンは九人を殺害して終身刑となった。アメリカのサブカルチャーにおけるダークヒーローだった。

「お前はオレをはめようというのか!!」

年が明け、多くの死傷者を出した〈連邦議会議事堂襲撃事件〉の二週間後に、バイデン新大統領の就任式があった。ワシントンDCには当日、冬晴れの空が広がった。

厳戒態勢が敷かれた首都で、一目でトランプ信者とわかるジェームズ・シャンクを見つけた。

アメリカの国旗をデザインしたトレーナーを身にまとい、赤い帽子には「アメリカを再び偉大に!」の刺繍《ししゅう》があった。手には、「不正選挙をとめろ」と書かれたプラカードを持っていた。

「なぜワシントンに来たかだって? トランプから選挙を盗み取ったバイデンがどんな顔をしているのか一目見ようと思ってさ。まぁ、この警備では無理だろうけどな。一月六日? あぁ、もちろんワシントンに来たさ。デモに参加したほとんどのトランプ支持者は、平和的に議事堂まで行進していただけだ。議事堂への侵入は、警官による罠《わな》だったんだ。それに、暴動は、極左グループの〈アンティファア〉のメンバーが、トランプ支持者を装って引き起こしたんだ」

警官の罠説も、アンティファア関与説も、事実確認で否定されている。

インディアナ州から来たというシャンクに職業を訊けば、「広報関係の職に就いているんだ……」と言葉尻が濁る。

人材系のSNSで名前を検索すると、大学卒業後、NBCのレポーターを皮切りとしてマスコミ関連の仕事をし、州内にある有名私大で広報を担当していることがわかる。

トランプのウソを巡る闇の深さはこうした点にある。情報リテラシーの高いはずの職歴を持った人物でさえ、迷宮にはまり込んでしまうと、その泥沼から脱出できなくなる。

そのシャンクに訊いてみた。

――不正選挙があったというのは、トランプが接戦で負けたジョージア州やペンシルベニア州のことですよね。それならあなたの地元のインディアナ州の選挙で不正は行われたのですか。

「……いや、インディアナではなかったな……」

――それは、インディアナではトランプが勝ったからじゃないですか。

「……!?　お前は、オレをはめようというのか!!」

と語気を強めた。

――いやいや、はめるとかじゃなくって、不正選挙としてトランプ側が問題視するのはトランプが負けた接戦州に限られるのが不自然だ、という点を指摘しているだけですよ。

三〇分近く話し込んでいたら、いつの間にか、われわれの隣に、警察車両が横付けしてこちらの様子をうかがっていた。やましいところは一つもないが、薄気味悪いのはたしかだ。

私はシャンクに礼を言って別れた。

私はこの後、日本に向かう飛行機に乗り、アメリカを後にして、トランプ取材に一区切りをつけた。

取材相手に事前に原稿を見せてはならない

もし取材相手が、あなたの書いていることが正しいかどうかをチェックするため、原稿を見せてほしい、と言い出したらどうすればいいのか。

あなたの原稿を、より正確にするために手を貸そうと言い出したら、どのように対処すべきか。

ジャーナリストのマイケル・ダントニオが二〇一五年に出版した『熱狂の王　ドナルド・トランプ』を書いているとき、トランプの弁護士から電話が入った。これから出版する本の内容が不正確とならないように「手伝いたい」と言う。

すでに一〇冊近い著書を出版していたマイケル・ダントニオは、丁重に、しかしきっぱりと断った。

「最終原稿を見せたら最後、トランプが共著者になるようなもので、都合のいい見方や偏見を押し付けられるに違いない。訴訟を武器のように使うトランプのことだ、書き方を巡って裁判になる可能性も高い」

トランプの弁護士はそれでも諦めず、出版社に電話攻勢をかけ、手紙を送り付けた。だが、出版社も著者も原稿を見せることはなかった。書き手の独立性が保たれないと、読者にいい本が届けられないと考えたからだ。

必要以上に取材相手の言い分を取り入れては、本の趣旨が捻じ曲げられることになる。取材相手の言い分があれば、取材の段階で、それを全部聞いたうえで原稿を書けばいい。しかし、書き終わった原稿を相手に見せてしまえば、書かれた本人の都合のいいように書き換えられることになる。

マイケル・ダントニオのこの判断は正しかった。

この本には、トランプのいい面も悪い面もバランスよく書かれており、読み物としておもしろいだけでなく、資料としても大変役に立つ本に仕上がっている。

ダントニオはトランプとの裁判に巻き込まれることは免れたが、その一〇年ほど前に、トランプは『TrumpNation』（未邦訳）の著者であるジャーナリストのティモシー・L・オブライエンを名誉毀損で訴えている。

オブライエンがトランプの資産を低く見積もったことが悪質なウソだとして、訴えた。裁判はトランプ側の敗訴で終わっているが、裁判沙汰はできるだけ避けたいという点は、どこの国であっても、書き手も出版社も同じ気持ちである。

だが、裁判を恐れて、事前に原稿を見せてしまうことは、ジャーナリズムの敗北を意味する。

共同通信の元記者で、早稲田大学教授の澤康臣《さわやすおみ》も、本の原稿をそっくりそのまま取材対象に見せれば、独立性が失われると同意する。ジャーナリストは取材対象から独立して、読者である市民が行動できることを目的として報道することが必要だからだ。

澤は、『事実はどこにあるのか』で「記者はどんな現場であっても原則としては、取材対象との間に一線を引いていなければならない」と書く。もし事前に原稿を見せてしまえば、そうした記事は、「まさに広報宣伝のＰＲ記事になる」からだ。

提灯記事の典型例

では、実際に本の原稿を見せたら、どうなるのか。

私が『潜入ルポ　アマゾン・ドット・コムの光と影』を出版する直前のタイミングで、『アマゾンの秘密』（松本晃一著　ダイヤモンド社）という本が出た。アマゾンジャパンの創業メンバーだった著者が、その内側から草創期を描いたもの。

私は興味津々で、『アマゾンの秘密』を読んだが、結論から言えば、そこに秘密と呼ばれるような事実はほとんど書かれておらず、キツネにつままれたような気になった。

その後、著者と話をしたとき、こんなことを教えてくれた。

「出版後にアマゾンと面倒になることを避けたかった編集者が、事前に本の原稿をアマゾンに全部見せてしまったんです。事実関係を確認するだけということだったんですが、アマゾン側は自分たちが書かれたくないことはすべて削ってきました」

そうして出来上がった本には、アマゾンの秘密など一つも残っていなかった。

「ダウンタウンなう」というお笑い番組で、ゲストに俳優の大泉洋《おおいずみよう》が出た回がある。その中で大泉が、インタビューのゲラ「全部を校正する」と語る場面がある。

読者にいい人であるという印象を与えるため、大泉洋が「どれだけ笑いを書き加えるかわからない」とも語っている。酒を飲みながらのお笑い番組であることは差し引くにせよ、こんな男にインタビューするのはゴメンだな、と私は思った。

インタビューの原稿に後から言ってもいないことを書き足すのは、反則以外の何物でもない。しかし、原稿を見せてしまえば、そうした反則も飲み込まざるを得なくなる。

ならば、取材相手に原稿を見せなければ書き手やメディアとしての独立性が担保されるかというと、必ずしもそうとは言い切れない。

書き手が、取材相手が書いてほしいことを忖度《そんたく》して書けば、それもまた「広報宣伝のPR記事」となる例もある。

東京ディズニーランド開設四〇周年の節目に「朝日新聞」が掲載した四本の記事は、お金をもらった記事広告かと疑いたくなるような内容だった。

その見出しを並べてみよう。

「TDL四〇周年　安全・笑顔　これからも」
「お金払ってでも『タイパ』の魔法　優先パス有料化」
「園内外　SNSが広げた世界観『おそろいコーデ』『踊ってみた』投稿見て来園」
「覚めぬ夢　解けぬ魔法　TDL四〇年『雰囲気楽しむ』」

見出しだけを見ても、批判精神がまったくないのが読み取れる。ディズニーランド側は書いてもらって嬉《うれ》しかっただろうが、読む側としてはしらける。

「朝日新聞」はそれまで、ディズニーランド側がパワハラの問題で労働者に訴えられた裁判で敗訴したことや、コロナ禍で従業員の賞与が減らされ生活が厳しくなったり、配置転換や退職を余儀なくされたことなどを伝えている。にもかかわらず、四〇周年のときにはお祝い一色の提灯《ちょうちん》記事が並んだ。

「朝日新聞」が、事前に記事をディズニーランド側に見せているとは考えづらいが、出来上がった記事は、大甘の仕上がりとなっている。つまり、批判精神を放棄した報道は、たとえ事前に原稿を見せることがなくとも、ＰＲ記事に堕することがあるという実例だ。

検証なき経済報道は害悪だ

潜入取材以外でも、ファクトチェックが必要な場面は多々ある。

その一例が、ユニクロの店長の給与についてだ。

柳井正が書いた『一勝九敗』にはこんな一節が出てくる。

「当社の店長とは、知識労働者だと考えている。店長を『店舗という場所で、自分たちの力で付加価値をつけていく人』と定義すれば、三千万円の年収は可能だ。平均でも、一千万円以上取ることはできると思う」

これを読めば、ユニクロの店長の年収は平均でも一〇〇〇万円以上あり、最高では三〇〇〇万円もあり得ることになる。

しかし、私が『ユニクロ帝国の光と影』を書くときに複数の店長から聞いた話では、せいぜい五〇〇万円前後の範囲で、柳井の主張する金額とは大きな開きがあった。店長の年収が三〇〇〇万円か、一〇〇〇万円以上なのか、それとも五〇〇万円前後なのかで、働く側のモチベーションが全然違ってくる。

先に書いた通り、疑問を抱いたら、相手に直接聞くのが一番いい。

たった一回だけかなった柳井とのインタビューで尋ねると、こんな答えが返ってきた。

「一〇〇〇万円以上というのは、われわれの職階でいうスーパースター店長とか、スーパー店長という方になるんじゃないかと思います。それを乗り越えると、フランチャイズのオーナーってことになります。現在では、スーパースター店長が一〇名ぐらいで、スーパー店長が六〇～七〇人ぐらいです」

当時、ユニクロには七〇〇人前後の店長がいた。その中の高給を食《は》むのはごく一握りであり、店長の平均給与が一〇〇〇万円以上との記述は間違いである、と認めたわけだ。

その後、間違った記述は修正されたのか。

私が取材の時に持っていたのが、新潮文庫の二〇〇九年発行の九刷りだった。ロングセラーである『一勝九敗』は刷りを重ね、最新の文庫本は二〇二三年の二六刷り。

出版物は、刷り増しするときに内容を修正することができる。しかし、店長は「平均でも、一千万円以上取ることはできる」という記述は修正されることなく現在に至っている。

柳井正のウソはこれだけにとどまらない。

香港のNGO団体が二〇一五年、ユニクロが生産委託をしている中国の二工場に潜入し、その劣悪な労働環境を暴いた。詳細な報告書を出し、基本給が最低賃金以下であることや、月の残業時間が一〇〇時間を超えていることなどを指摘した。

これに対し柳井はテレビカメラの前で何と語ったか。

「今まで監査をやってきたんですけど、あのような現状があるということ自体、非常にびっくりしているし、残念だと思っています。事実かどうか、確認しなければいけない。今回は例外で、中国の労働環境は決して悪くない」

このコメントには、私の方がびっくりした。

中国での劣悪な労働環境については、私が『ユニクロ帝国の光と影』で指摘し、裁判の争点となり、すでにユニクロ側が敗訴していた。

さらに、ユニクロが毎年発行している「ＣＳＲレポート」では、ユニクロの海外の一七〇工場のうち、労働環境の監査の結果、問題なしだったのはわずか一〇工場のみ。九割以上の工場には何らかの問題があり、「重大な指摘事項」があった工場も六五工場にのぼっている。

この自社の報告書を柳井が知らないはずがない。にもかかわらず、ＮＰＯ団体の指摘をはじめて聞くかのようにびっくりしてみせることができるのだ。

そのユニクロが二三年一月、従業員の給与を大幅に引き上げる、と発表した。

「日経新聞」は、「ファストリ（引用者注・ユニクロを指す）、国内人件費15％増へ　年収最大四割上げ」と見出しで掲げてこう書いた。

「ファストリ本社やユニクロなどで働く国内約８４００人を対象に、年収を数％から約40％引き上げる。新入社員の初任給は月25万５千円から30万円に、入社１～２年目で就任することが多い新人店長は29万円から39万円になる」

日本経済の長年の停滞の原因は、賃金の伸び悩みにあったのだから、これが本当ならば吉報だ。各社の報道も、ユニクロが賃上げを主導した、という方向で、諸手《もろて》を挙げて歓迎した。

「日経新聞」は、社説で「ファストリの経営革新が生む賃上げ」と題し、このように持ち上げた。

「ファストリの賃上げは、日本の産業界に大きな刺激となる。とりわけグローバルで成長する企業と国内中心で業績が伸び悩む企業との賃金格差が改めて浮き彫りになった。今後さらに人材獲得の格差も生まれかねない」

しかし、これは本当だろうか、という検証を行った記事を見つけることはできなかった。

ユニクロの成長をこれまで支えてきた経営方針の一つは、本来は固定費であるはずの人件費を、社員やアルバイトの出勤日数を調節することで、無理やり変動費として、売上高と連動させた点にある。

簡単に言うなら、売上高が落ち込む閑散期になると、従業員の出勤日数を絞って、人件費が売上高の一〇%前後に収まるようにした。

その分、割を食うのは、給与が減らされる従業員だが、ユニクロがこうした方法で利益を確保してきたのは厳然たる事実だった。

ユニクロの動向を追ってきた記者なら、柳井が二〇一三年の「朝日新聞」の記事で、このように発言したことを覚えているはずだ。

「将来は、年収1億円か100万円に分かれて、中間層が減っていく。仕事を通じて付加価値がつけられないと、低賃金で働く途上国の人の賃金にフラット化するので、年収100万円のほうになっていくのは仕方がない」

柳井正はいつだって、人件費を抑え込むことに執心してきた。

さらにユニクロには、労働者の利益を代弁する労働組合さえ存在しないのだ。

そのユニクロが、柳井の鶴《つる》の一声で、一転して大幅な賃上げに向かうとなると、その経営の成り立ちを知っている記者の頭には、黄色信号が灯《とも》るはずだ。本当だろうか、という疑問を持ちながら報道することこそが事実に近づくことになる。

ユニクロ側の情報を報道するにしても、過去のブラック企業批判や柳井の発言を盛り込むこともできただろう。

ユニクロ側は、賃上げのニュースを大きく報道してほしいのだろうが、それを垂れ流すのはＰＲ記事でしかない。

第四章　いかに売り込むか

準備不足で就活失敗

もし、私の就職活動がうまく行っていたのなら、その後のジャーナリスト人生も大きく変わっていただろう。大学時代に目指した先は全国紙。「朝日新聞」や「読売新聞」、「日経新聞」や「毎日新聞」——などだ。

しかし、新聞社の入社試験には、大学入試と同じぐらいの勉強量が必要であることを知らなかった。いや、本当は知ってはいたのだが、どうにかなるだろう、と高を括《くく》ってほとんど勉強らしい勉強もしなかった。

結果は箸《はし》にも棒にもかからず、いずれの新聞社からも声がかかることはなかった。

最近、知己を得た同年代の同業者にこの話をしたら、こう訊かれた。

「どうして地方紙を受けなかったのか」

私と同じ大学を卒業した彼は、「神戸新聞」で修業を積んでから、フリーランスの書き手となっていたからだ。全国紙が無理でも、地方紙ならチャンスがあったのではないか、と。

たしかにその手はあった。「北海道新聞」、「中国新聞」、「西日本新聞」、「沖縄タイムス」——などなど。

地方紙からスタートを切るのもよかった。だが、マスコミ志望の友達もいなかったし、見つけようともしなかった当時の私には、地方紙で働くという発想は逆立ちしても出てこなかった。要は、まったくの準備不足だった。

新聞社を目指した理由は、私が読んだノンフィクションの書き手の多くが新聞記者出身だったから。近藤紘一《こんどうこういち》は「サンケイ新聞」、本多勝一と筑紫《ちくし》哲也《てつや》は「朝日新聞」、黒田清《くろだきよし》は「読売新聞」――というように。フィクションの世界に進んだ司馬遼太郎《しばりょうたろう》と井上靖《いのうえやすし》も、それぞれ「産経新聞」と「毎日新聞」の記者として物書きとしての修業を積んでいる。

新聞社に入れば、物書きとしての基礎を学べることは分かっていた。その認識は、この業界で仕事を重ねれば重ねるほど確固としたものとなってくる。

私の最大の後悔がここにある。

もし、時計を大学入学時にまで巻き戻せるのなら、新聞社に入社するための試験勉強に四年間を費やすだろう。新聞を読み、時事問題を解き、小論文を練習する。ＯＢやＯＧを訪問して、入社できるコツを根掘り葉掘り尋ねる。どうにか新聞社に潜り込む道を見つけ、実践を通して記者の基本をじっくりと身に付ける。

この本を読んでいるあなたが、もし大学生なら、迷わずマスコミ向けの試験勉強に全力で取り組み、入社試験を突破してほしい。

アイオワ大学ジャーナリズム学部に留学する

日本の新聞社にそっぽを向かれた私は、他にジャーナリストになる方法はないだろうか、と抜け道を探した。

そうして見つけたのが、アメリカの大学院に留学してジャーナリズムを学ぶという迂回路だった。アメリカで勉強するため、ある財団から一年分の奨学金を手に入れ、残りの一年分は予備校で英語を教えることで蓄えた。

ジャーナリズムだけでなく、英語も勉強できるじゃないか。一石二鳥だという理由も、アメリカへの留学という選択肢をもっともらしく見せる。

アメリカでジャーナリズムを勉強しようと思った一つの理由に、ジョン・スタインベックの次の言葉があった。自分自身が新聞記者を経て作家になったスタインベックはこう書く。

「アメリカでは、ジャーナリズムは尊敬される職業であるばかりでなく、優秀なアメリカ作家の訓練所とみられている。新聞記者は明瞭で簡潔に書かねばならないが、これは制約されるとか、低級とみられないどころか、たいていの新人作家が初期の作品に持ちこむ仰々しい屑を洗い落とす点で価値があるとされており、そう考えられているのはもっともでもある。新聞で基礎訓練を受け、最初に新聞に書き場所を見つけた、地位もあり能力もあるアメリカ作家をあげれば、少なくともアメリカ人にとってはこの主張が妥当であることが十分に証明されよう」

そう書いた後で、ジャーナリズムを踏み台に身を起こした作家の名前を列挙する。ウィリアム・フォークナーやマーク・トウェイン、ダシール・ハメット、ラフカディオ・ハーンなど。

スタインベックは名前を挙げていないが、ヘミングウェイも新聞記者としてキャリアをスタートさせ、スペイン内乱の従軍記者としての体験をもとに、『誰《た》がために鐘は鳴る』を書き上げた。短い文章を畳みかけるその文体は、新聞記者であった影響が大きいことも、しばしば指摘される。

アメリカへの留学を考えたもう一つの動機としては、写真家の吉田《よしだ》ルイ子《こ》が書いた『ハーレムの熱い日々』がある。

若き日の吉田ルイ子が、ニューヨークのハーレムに住み、コロンビア大学でジャーナリズムを学びながら、黒人解放運動に魅せられたフォトジャーナリストとしての体験を描いたノンフィクション。留学自体が珍しかった時代に、アメリカでジャーナリズムを勉強し、ハーレムで写真家として活躍した吉田ルイ子の軌跡を読みながら、そこに自分の行く末を重ね合わせた。

日本では当時、ジャーナリズムを学べる大学は片手で数えるほどしかなかったが、アメリカではほとんどの総合大学にジャーナリズム学部があった。

コロンビア大学のジャーナリズム学部は、今も昔も全米最高峰に位置する。しかし、コロンビアのようなトップレベルの大学は避けるのが賢明だ、と考えたのは、『ハーレムの熱い日々』にこう書いてあったからだ。

「クラスでテーマを与えられるや否や、弾丸のようにタイプを打ちまくるアメリカ人学生に、私はすっかり圧倒されてしまった。たとえ日本人としては英語がうまくても、平均より数段優秀な語学力と文章力をもつエリートぞろいのアメリカ人たちと英語で勝負するのはとても勝ち目がない」

吉田ルイ子は、言葉の壁が低いフォトジャーナリズムに軸足を移していく。フォトジャーナリズムであれば、写真のセンスさえ磨けば、言葉の障壁を乗り越えることができる。

私は当時、アメリカの週刊誌が掲載していた大学ランキングから、ぎりぎりトップ一〇に入るぐらいの大学院を探し出し、願書を送った。合格通知を受け取ったのが、アイオワ大学のジャーナリズム学部だった。

アメリカでの留学といっても、英語力がどれだけ必要になるかは、学部によって大きく異なる。物理や数学などの理系だと、英語が得意でなくともさほど問題はない。英語の必要性が最も高くなるのは、一・アメリカ文学、二・アメリカ史、三・ジャーナリズム――の順番だと考えている。いずれも、英語の出来不出来が成績の良しあしに直結する。

アメリカでジャーナリズムを勉強したことがあると言えば、英語で記事を書くことは難しくなかったのか、と問われることが多い。

もちろん、難しかった。だが、英語で一冊の小説を書き上げるのとは違う。記事一本の分量は、日本語で一〇〇〇文字程度であり、引用や定型表現が多い新聞記事を書くことは、難しいながら、どうにか可能であった。吉田ルイ子のようにトップ校は狙わず、自分の身の丈に合った大学を選んだのもよかったのかもしれない。

大統領を動かした『ジャングル』

大学院での授業は、生徒が一〇人を切る少人数制。教授はいずれもジャーナリストとしての豊富な経験を持っていた。ＡＰ通信の記者や地元紙の編集長、「ローリングストーン」誌のカメラマンなど多士済々だ。

教授が成績をつけた記事や写真を、自分で新聞や雑誌に持ち込んで掲載されれば、成績にプラスアルファが付くという仕組み。難しい論理を学ぶ大学院というより、実技を学ぶ専門学校に近かった。

机を並べた学生の中には、すでに地元紙や小さな雑誌で働いていたが、キャリアアップにつなげるため大学院に戻ってきたという学生も少なくなかった。競争相手としては、手強《てごわ》い。

私が最初に取った授業の教授は、AP通信の元記者だった女性。AP通信は日本でいうと共同通信に相当する。〈APスタイル〉とは、ニュース記事は、最も重要なことから先に書くというもの。重要なことがトップにくる逆三角形のイメージで記事を書き上げていく。AP通信が加盟紙に記事を配信する際、重要なことから書いてあれば受け取った側の文字数が制限される場合でも、最初から入るところまでを入稿していけばいい、という実践的なメリットもあった。

授業の教科書には『APスタイルブック』という記事の表記を統一させるガイドブックが使われた。これも共同通信社の『記者ハンドブック』が一番近い。

授業では、教授が殺人事件の捜査を担当する警察の広報官役で、生徒が記者会見に駆け付けた記者を演じた。

事件発生の時間や場所、凶器、殺害方法から、犯人や被害者の名前、年齢、住所、さらには犯行手口や、犯行動機――などを生徒が訊いていく〝ギャング・インタビュー〟というスタイルで二〇分程取材したあと、教室のパソコンに向かい記事を書く。吉田ルイ子が体験した、コロンビア大学での授業とそっくりだった。はじめはスピードについて行くのに難儀したが、それも次第に慣れていった。

そのあと、町の特ダネを学期中に三本書いてくるという課題が与えられた。

教授は、ＡＰスタイルが生まれてきた背景をこう説明した。

時代が二〇世紀に変わるころ、アメリカの社会体制に抗議し、改革の流れを作ろうとする書き手たちが現れた。銀行融資や精神科病院、鉄道会社の不正を声高に糾弾した彼らは、〈醜聞暴露者《マックレーカー》〉と呼ばれた。

その代表が、作家のアプトン・シンクレアだ。取材のために、食肉加工会社の内部に七週間入り込み『ジャングル』という小説を書いた。その手法は、潜入取材に通じる。日本の文学史でたとえるなら、プロレタリア作家の小林多喜二《こばやしたきじ》が書いた『蟹《かに》工船』に似ている。

シカゴの食肉加工会社が非衛生であり、労働環境がどれだけ非人道的かを書いた。工場を走り回るネズミの糞《ふん》を腐肉に混ぜて、ハムやソーセージとして練り上げる場面などは、読んでいるだけで気持ちが悪くなる。主人公は就労中の事故で働けなくなり、貧困の中で、父親や妻、息子までも亡くす。最後は、社会主義にアメリカの未来を見出《みいだ》す、という筋立て。

『ジャングル』は、小説であるにもかかわらず、その描写があまりに真に迫っていたため、ジャーナリズムにおける報道だと誤解された。あまりの不衛生な環境に衝撃を受けた消費者は食肉を買い控え、政治家に事態を改善するよう圧力をかけた。

世論に敏感に反応したのが、時の大統領だったセオドア・ルーズベルトだ。『ジャングル』

を新刊見本で読むと、シカゴの食肉加工会社へ調査員を派遣した。それから食品衛生に関する二つの重要な法案を作り、議会を通過させ、今日までつづく食品衛生行政の礎を作った。『ジャングル』は、アメリカの歴史を動かした書と呼ばれる。自分の書いた作品で時の政治が大きく動いたとなれば、作家冥利《みょうり》に尽きる。

しかし、ジャーナリズムの世界からは、これでいいのだろうか、という異議申し立てが起こった。扇情的な文章で過度に読者を挑発し、特定の社会運動へと先導するのは、ジャーナリズムの正しい在り方なのだろうか。

時は、自然科学が台頭してきた一九〇〇年初頭のこと。記事から書き手の感情や思惑を削《そ》ぎ落とし、ジャーナリズムに科学的な手法を持ち込むことはできないのか。そうした議論や試行錯誤の末に生まれたのが、重要な事実から順番に書いていく逆三角形のＡＰスタイルだった。

こうしてアメリカにおいて客観報道のスタイルが確立した。

潜入取材に近いニュージャーナリズムに出会う

次の学期では、ニュージャーナリズムについて学んだ。

ジャーナリズムに小説の技巧や私という一人称の視点を取り入れて、より読みやすい記述を目指すという手法。この本のテーマである潜入取材は、ＡＰスタイルより、このニュージャーナリズムに近い。

授業では、ニュージャーナリズムの旗手であるジョン・マクフィーやトム・ウルフ、ならず者《ゴンゾー》ジャーナリズムを生み出したハンター・トンプソンなどの著書を読みながら、どうすればその手法を自分のものとして取り入れることができるのかを学んだ。

六〇年代にニュージャーナリズムが台頭してきたのは、従来のＡＰスタイルが掲げる客観報道に対する反動だった。

六〇年代のキーワードは反体制。従来の価値観に異議を申し立て、伝統や因習から解放されて自由になろうとする空気が充満していた。反ベトナム戦争から人種差別撤廃、ウーマンリブまで、旧体制に反対することが主流だった時代に、ジャーナリズムの世界でもニュージャーナリズムが芽を出してきた。

その根底には、客観報道なんてあり得るのか、という疑問がある。

客観報道は重要なことから先に書けというが、何が重要かを判断する点ですでに主観が入っているのではないか、という本質を突いた疑問があった。

無味乾燥な客観報道を掲げるジャーナリズムに、小説の手法を組み合わせることによって、もっと読者に受け入れられやすい読み物になるのではないか、と多くの書き手が創意工夫した。書き手が「私」として物語に登場する方が、読者が親近感を抱くのではないか、とも考えられた。

自分自身もバイクにまたがり、「バイクに乗った暴力団」と恐れられたヘルズエンジェルズを取材したハンター・トンプソンには、客観報道という視点は微塵もない。麻薬の密売、殺人、強姦《ごうかん》などなんでもありの凶悪集団に交じって、時にはヘルズエンジェルズが起こした犯罪を「冤罪《えんざい》だ」と訴える。取材者であるのか、当事者であるのかは紙一重。これは本当にジャーナリズムなのだろうか、という疑問もわくが、それを吹き飛ばすだけの行動力と筆力がある。

小説の分野からニュージャーナリズムに参戦したのがトルーマン・カポーティだ。カンザスの田舎町で実際に起きた殺人事件の顚末《てんまつ》と真犯人について書いた『冷血』は、ジャーナリズム学部の必読書に挙げられていた。

『冷血』が書かれる舞台裏を描いた伝記映画「カポーティ」が二〇〇五年に公開されると、私は繰り返し映画を観た。映画には、担当刑事や容疑者への取材手法や執筆の労苦、編集者との関係などが詳細に描かれている。久しぶりに学生時代に戻った気分で、カポーティの手法を取り入れようと画面に目を凝らした。

ノンフィクションから小説に近づいて行ったのがジョン・マクフィー。彼が書いた『ジョージアでの旅』という短編ノンフィクションでは、キャロルという名前のエコロジストとともに、高速道路を車で移動し、〈D・O・R〉を探す。〈Dead on the road〉の頭文字で、路上で轢死《れきし》した動物を意味する。イタチやガラガラヘビ、ツグミといった生き物の死体を収集して、持ち帰って食べるという一風変わったノンフィクション。アメリカの高速道路には、動物の死体が転がっていることは誰もが知っている。しかし、それを素材にしてこんなに生き生きと描くことができるんだ、と驚いた。

調査報道に活路を見出す

授業で学んだあとは、学生新聞で働いた。卒業に必要な単位を全部取ったあとで、半年間と区切って働いた。

日本で、大学の学生新聞といえば、季刊で発行され学校の隅にほこりをかぶって置かれている新聞を想像するかもしれない。一方、アメリカの大学の学生新聞である「デイリー・アイオワン」紙は本格的だった。

通常と同じサイズの紙面で、月曜日から金曜日まで一二ページを建てた。大学とアイオワシティー関連の記事が大半を占めるが、AP通信の記事も使った。校閲や営業の部門もあり、当時の刷り部数は約四万部。

「デイリー・アイオワン」紙の創刊は一八六八年。校正ミスではない。日本の明治維新の時から発行を続ける学生新聞なのだ。ウェブ上の同紙のアーカイブでは、創刊当時からの全紙面をPDFで見ることができる。編集長を含め全員が学生で、総勢五〇人前後。記者のノルマは週三本の記事の出稿。原稿料は一本一〇ドル。編集部には何人もの記者が詰めており、いつも活気に満ちていた。

マクドナルドの時給が当時、五ドル前後だったので、お金を稼ぐ手段としてはひどく効率が悪い。けれども、アメリカのジャーナリズムは実績主義だ。どこかで記事を書きはじめないとその階段を上りはじめることはできない。

多くのジャーナリストは、学生新聞で書いた記事をスクラップにして、小さな新聞からキャリアをスタートさせる。地元紙の次は、アイオワならば州最大の「デモイン・レジスター」紙に移り、そこから上になると、「シカゴ・トリビューン」紙や「ワシントン・ポスト」紙、「ニューヨーク・タイムズ」紙が待っている。私も、当時書いた記事は全部スクラップブックに貼って手元に残してある。

私が最初に書いたのは日本映画のシンポジウムがあるという案内の記事。それからヒスパニックや黒人、女性の中絶問題などマイノリティーからの視点で記事を書くが、どれもインパクトに欠けた。かといって一刻を争うストレートニュースで競っては、言葉の壁から勝ち目は薄い。

そこで見出したのが調査報道だった。

学生紙の同僚の女性記者が、当時ではまだ言葉も定着していなかった〝デートレイプ〟に関する連載記事を書いたのをみて、うなったのがきっかけだ。九〇年代当時は、アメリカでも新しい視点であり、しかもレイプという繊細な問題に切り込み、丁寧に取材して記事としてまとめるその手腕に感嘆した。

同時に、ここになら私にも勝機があるかもしれない、と考えた。

そうして執筆したのが、白人と黒人の異人種間のカップルについての連載記事。まずは、図書館にあった新聞検索機能を使って、異人種間カップルに関する大手紙の記事をプリントアウトした。Ａ４で一〇〇ページ以上からなる多くの記事を読み込み、問題点を整理する。それを大学新聞用に落とし込み、取材して書く。

テーマとして選んだのが、一・黒人男性と白人女性のカップルの話、二・白人男性と黒人女性のカップルの話、三・異人種間カップルに対する黒人女性の怒り――。

一見すると、一と二の違いがわからない、と言う人も少なくないだろう。性別が入れ替わったとしても、異人種間カップルであることに変わりはないのではないか、と。

しかし、これが大きく違う。黒人男性と白人女性――この組み合わせが、建国以来、アメリカ人の心を大きく掻《か》き乱してきた。奴隷制度が廃止される以前、黒人男性は、白人女性を見たという理由だけでリンチを受けた。その深淵《しんえん》まで探っていけば、白人女性は白人社会の所有物であり、その白人女性が黒人男性と交わることは、人種の劣化を招くというＫＫＫ《クー・クラックス・クラン》的な白人至上主義の考えにたどり着く。

一方、白人男性と黒人女性の組み合わせには寛容だ。建国の父の一人であるトーマス・ジェファーソン大統領でさえも、奴隷であった黒人女性との間に、何人もの婚外子をもうけたのではないか、と考えられてきた。白人男性が黒人女性と付き合うのは問題がない、という考えがあるからだ。

白人と黒人を人種で分け、さらに性別で分けると、一番弱い立場に置かれるのが黒人女性だ。その黒人女性の怒りは、白人女性と付き合う黒人男性に向けられる。ただでさえ、大学に進む黒人男性は少ない。その彼らがキャンパスで白人女性と腕を組んで歩くのを見るのは「心が痛い」と語る彼女たちのストレートな心情をつづった。

一面に掲載された連載は、こうはじまる。

「ステーシアは、夫のマーク・ウィリアムズとブラインドデートで出逢《であ》った。ステーシア一八歳、マーク二〇歳のときだった。『私たちって恋に落ちる運命だったのよ』と彼女は笑う。しかし、彼女は両親に交際のことを五年以上隠しつづけなければならなかった」

ステーシアが、交際のことを切り出せなかったのは、彼女が白人で、マークが黒人だったからだ。

連載初日、私がキャンパス内を走るバスに乗っていると、新聞を読んでいた女子生徒がいた。視線の先には、私の記事があった。

アメリカの一面記事は、途中まで載せて、あとは後ろのページに〝ジャンプ〟する。ジャンプすると、読者の半分以上は続きを読むのをやめる、といわれる。私は、一面の記事を読み終わった彼女がジャンプした先をめくって読み出したとき、「それを書いたのは私なんです」と言い出したい衝動をぐっとこらえた。

編集部にも多くの反響が寄せられた。いつもは、学生新聞が掲載する記事が軽佻《けいちょう》浮薄にすぎると口うるさい副学長が、私を名指しで電話をかけてきてこう語った。

「白人ばかりの学生新聞では、画期的な記事だ」

心の中にアメリカ人読者を持つ

これに気をよくした私はもう一つ企画を立てた。ゲイに関する連載記事七本。

なぜ、ゲイの問題を取り上げようと思ったのか。

アメリカは一九五〇～六〇年代の公民権運動で、黒人の法律上の平等を達成し、それが七〇年代以降の女性解放運動につながり、さらに九〇年代に入って、ゲイやレズビアンの平等運動に広がっている——と考えたからだ。ゲイは当時のアメリカでは旬な話題だったのだ。

黒人のオバマ大統領が誕生したあと、女性のヒラリー・クリントンが大統領候補となり、それからゲイを自認するピート・ブティジェッジが二〇二〇年の大統領選に出馬したという順番は、偶然ではなく、アメリカ社会の寛容性の広がり方を反映したものだ。

記事は、軍隊におけるゲイの差別、ゲイのパートナーの健康保険への適用、ゲイ嫌いの教会、ゲイは人口の一〇%という統計数字のウソ、進歩的なクリントン政権に期待を寄せるゲイコミュニティ——など。

この連載の出だしがいい。

「第二次世界大戦に従軍した祖父と、ベトナム戦争に従軍した父の足跡を追うため、チャック・ロスが自らも一九歳で軍隊に志願したとき、一片のためらいもなかった。『我が家の家庭環境からは当然のことだったんだよ。独立戦争にさかのぼるまで、祖先はみんな軍隊に志願しているんだから』とアイオワ大学の学部生であるロスは語った」

しかし、チャック・ロスは、ゲイであることを理由に、軍隊を除隊させられる。アメリカ軍が同性愛の兵士を認めるようになる約二〇年前のことである。

いま読み返すと、当時は気付かなかった引用も心に響く。

レズビアンのカップルが夫婦と認められ健康保険の適用になったという記事で、三〇代のリンダはこう話している。

「今はもう心配する必要はなくなったわ。けれど、保険でカバーされるまでは、大きな心配事というわけではないのだけど、ケガや病気にかかったらどうなるのかなって心のどこかでいつも気になっていたのよね」

日本と比べると、医療費が桁違いに高く、無保険で大きな病気にかかったために自己破産に追い込まれる人が後を絶たないアメリカでの話だ。

日本でＬＧＢＴＱ（性的マイノリティー）がメディアで語られるようになる三〇年も前のこと。当時のアメリカでも、先駆的な記事だったと自負している。

アメリカでジャーナリストとしての第一歩を踏み出した最大の恩恵は、アメリカ人の読者を意識して書くことができるようになったことだ。

アメリカ人が描く日本人は、どこか奇妙で、ピントがずれていることが少なくない。アメリカ人が日本人について書く際、知らず知らずのうちに読み手であるアメリカ人が思い描くステレオタイプをなぞっているからだ。日本人がアメリカ人を描写する際も同じ間違いを犯す。

だが、私の最初の読者がアメリカ人であったため、こう書けばアメリカ人の読者はどう反応するのかが予測できるようになった。心の中にアメリカ人読者を持つことができたのだ。この経験のおかげで、トランプ信者の潜入記を書いた際、自分の中で十分なバランス感覚が働いた。

経済記事の要諦は決算数字

学生新聞で書いた記事は、十分にたまった。しかし、アメリカでジャーナリズムの道を進むことは断念した。最大の理由は、やはり言葉の壁。

記事を書いて編集部に持って行く前に、どうしても知り合いに下読みしてもらい、細かい表現を整える必要があった。そのプロセスを何度繰り返しても、一人で書けるようにはならなかった。

それではプロとしてやっていくのは難しい。そう判断して、日本に戻ってジャーナリストの道を歩み直すことにした。たとえ遠回りになろうとも、ジャーナリストは母国語で勝負するしかない、と痛感したからだ。

帰国した私が働きはじめたのは、物流関連の業界紙「輸送経済」。週一回の発行。最初は、物流と流通の違いもわからなかった（物流企業とは、ヤマト運輸や佐川急便のようにモノを運ぶ企業を指し、流通企業とはイオンやイトーヨーカ堂のような小売業者を指す）。

経済記事など、一度も書いたことがなかった。けれども、英語で記事を書く訓練を積んだ私にとって、日本語で取材して書くことは、たとえ物流であろうと、流通であろうと、問題はなかった。

ここでも最初は真似ることからはじめた。会社では、「日経新聞」と「日経ビジネス」を購読していた。自宅では「週刊ダイヤモンド」と「週刊東洋経済」を購読し、ぜんぶに目を通すことで、経済記事の骨法を学び取ろうとした。

徐々にわかってきたのは、経済記事の中軸には、決算数字があるということだった。

たとえば、三年連続で増収増益を続ければ〝注目企業〟となり、五年連続となれば〝優良企業〟に格上げされる。一〇年以上つづけば〝エクセレントカンパニー〟だ。

〝エクセレントカンパニー〟となれば、株価も上がり企業価値も高まり、経営者の手腕も評価され、優秀な人材も陸続として押し寄せる。螺旋《らせん》階段を、どこまでも上っていくようなものだ。

企業経営とは、決算数字をよくするための経済活動である。売り上げと利益を伸ばし、株価の上昇につなげ企業価値を高めることがその目的だ。

同時に、決算数字から経営を見るということは、過去を起点に現在を語ることである。よって、経済記事とは結果論にすぎない。

どんなに優秀な記者であろうとも、未来を予見する力はない。一例を挙げれば、東京電力の担当者で、二〇一一年に起きた東日本大震災前に、その後の同社の凋落《ちょうらく》を予測できた記者は一人もいなかったはずだ。

たとえ増収増益が何年つづこうとも、その翌年も増収増益となる保証はどこにもない。すべての経済記事は、もっともらしい後付けの理屈にすぎない。

私が業界紙の一面のトップ記事を担当するようになってからは、年二回、中間決算と本決算に合わせ、決算の詳報を載せた。それまでは、決算数字をだらだらと書いていただけだったが、部門別にまとめ、ランキングをつけ、解説記事を載せるようにした。

決算数字は一つでも間違えると、必ずクレームがくる。同僚記者とチームを組んで、何度も計算機を叩《たた》き、読み合わせをし、細心の注意を払って記事を書いた。

編集部全体で、決算数字の勉強会も開いた。

教科書は『ビジュアル　経営分析の基本』という新書。それにヤマト運輸、日本通運、西濃運輸といった大手物流企業の最新の決算書を加えて編集部員に配った。

教科書にある、売上高経常利益比率や売上高人件費比率といった単純な項目から、手元流動性比率やキャッシュフローといった難しめの項目、自己資本当期純利益率（ROE）や総資産利益率（ROA）などの高度な項目までに、物流企業の決算数字をあてはめていった。

講師役は記者が順番に務めた。

勉強会以降、「輸送経済」における決算報道に深みがでた。

最初のスクープと修業時代の終わり

大手新聞で働きたかった私が、弱小業界紙で働くことになったのだが、昔からなんでも没頭する性格が幸いしてか、物流業界にもどっぷりとはまった。

そのことに気づいたのは、高倉健《たかくらけん》主演の映画「幸福《しあわせ》の黄色いハンカチ」が深夜のテレビで放送されたときのこと。

高倉健演じる前科者が、妻の待つ北海道に向かうロード・ムービーで、武田《たけだ》鉄矢《てつや》演じる粗《そ》忽《こつ》な若者が運転する車が札幌《さっぽろ》の街を疾走する場面がある。その画面に、北海道の大手物流企業である札幌通運のトラックがちらりと映った。二〇年前の映画に出てくる会社のロゴが一昔前のロゴだったため、私の目は一瞬、そのトラックに釘付《くぎづ》けになった。

ロゴがよく見えないままにトラックが画面から消えると、「あーぁ……」と大きな溜息《ためいき》をついた。そんな自分に気づいておかしくなった。そのとき映画を観ていた人で、トラックのロゴに食いついたのは、私だけだろうな、と思ったからだ。

学生新聞では大手新聞の論調をなぞり、業界紙では経済誌を真似ていた。そんな私が、真似ることなくトップ記事を書いたのは、入社半年ほどしたときのこと。

東京の百貨店の納品代行業務に強い南王運送（現在はＳＧホールディングス傘下）が、大阪の同業者と組んで東京⇕大阪間のネットワークを作ろうとした記事。

どこにも書いていないネタだった。果たしてこれで大丈夫なのか、という落ち着かない気持ちを抱きながら原稿を書いた。このお尻が落ち着かない感じが、スクープの前兆であり、これで大丈夫なのかと不安になることが特ダネの予兆であるとわかってくるのはその後のこと。

見出しは、「百貨店納品代行　全国展開へ一歩　南王らが業務提携」とつけた。

すると、同じ日の「日経流通新聞」（現・日経ＭＪ）が物流面のトップ記事でこう報じた。「百貨店納品代行六社　全国ネット化へ始動　まず東阪専用便」

それを読んで、自分の書いた記事が正解であることがわかった。これ以降、私のライバルは「日経新聞」となった。常に日経の一歩先を書くことを目指した。

物流業界には業界紙が二〇紙ほどあった。そのほとんどは、あってもなくても、どうでもいいような存在だった。それを痛感したのが、ＪＲ貨物という会社の新社長就任を祝う飲み会での出来事だ。

社長交代の正式発表に先駆けて「日経新聞」が、社長人事を抜いた。スクープだった。その後での就任披露の飲み会。金主はＪＲ貨物。集まった記者は五〇人ほど。

他紙の古株の編集長が声高にこう話していた。

「新社長のことはさぁ、日経さんより前に知っていたんだけれど、業界紙なんかが先に書いちゃ、日経さんも書きづらくなるだろうと思ったから、書かなかったんだよ」

心の中で、「ふざけんな、バカ野郎！」と罵《ののし》った。「知ってたのなら、さっさと記事にしろよ！」

その得意顔の男の横っ面を殴りたくなるのを、どうにか思いとどまった。

業界紙の腐った根性、ここに見たり！

それ以降、業界紙を相手にするのはやめた。

「日経新聞」と互角に闘えるようになったと思ったのは、物流企業の新業態であるサードパーティー・ロジスティクス（３ＰＬ）に関する連載を書いたとき。

たとえば、通販企業の物流業務の場合、従来なら、納品する物流業者、倉庫業務を担う業者、顧客への宅配を担う業者と、ばらばらに仕事を依頼する必要があった。こういう分断されたサプライチェーン（供給網）は効率が悪い。

それを一社の物流業者で丸ごと請け負うことで、通販企業の負担と出費を減らし、その結果生み出されたコスト削減の成果を分け合い、お互いの利益を高めようという仕組みである。

経済誌好みのWIN《ウイン》─WIN《ウイン》の関係だ。

アメリカとヨーロッパで取材し、連載記事にした後で、日本での取り組みを七週連続で一面トップ記事として書いた。

そのうち、第一貨物という山形の物流企業が家電量販大手のヤマダ電機のサプライチェーン業務を一括で請け負ったという記事など四本を日経が後追いした。

物流企業は通常、取引会社のことを話したがらない。両者の間には、大きな力の格差があるからだ。しかし、第一貨物の取材をしていて、社長の口からヤマダ電機との取引の具体的な話が出てきたとき、スクープだという思いから気持ちが上ずって、自分の質問が雑になっていることに気づいたほどだった。

今では、経済用語として定着した〈サプライチェーン〉という言葉をはじめて日本で繰り返し書いたのも「輸送経済」だ。

なぜ、「日経新聞」が業界紙ごときを後追いしたと言い切れるんだ、と訝《いぶか》る向きもあるだろう。たまたま、掲載時期が同じころだっただけじゃないか、と。

もちろん証拠はない。たまたまという可能性もないわけではない。けれども、ニュースを真剣に追いかけたことがある人ならだれでもわかることがある。自分が同業他社を後追いしたのか、それとも同業他社が後追いしたのかは――。

「日経新聞」を抜いた時点で、物流業界紙記者としての修業時代は終わった。すぐにフリーランスのジャーナリストとして独立したかったが、人材育成のため編集長として残ることに同意、九九年に独り立ちした。

第五章　いかに身を守るか

ユニクロから訴えられる

私の枕元にあった携帯電話が鳴ったのは夜一〇時すぎのこと。

まどろみかけていた私は舌打ちしたい気持ちを抑えディスプレイを見る。

そこには二〇年来の付き合いのある友人の名前が表示されていた。

私が九時をすぎると寝ていることもあるのを知っている彼が、こんな時間に電話をしてきたことは今まで一度もない。眠りを妨げられたという不快感よりも、不吉な予感が忍び込んでくる。

電話口からは友人の興奮した声が飛び出してきた。

「横田さんの本、ユニクロの本が訴えられてますよ！」

「……」

「ヤフーニュースに、ユニクロが横田さんの本を二億円で訴える、っていう記事がでてるんですよ」

二億円という金額を聞いて、眠気が吹き飛んだ。急いでパソコンを立ち上げると、記事にはこう書いてあった。

「ユニクロを展開するファーストリテイリングが、同社の経営を題材にした単行本や週刊文春の記事で名誉を傷つけられたとして、発行元の文藝春秋に本の出版差し止めと二億二〇〇〇万円の損害賠償などを求める訴訟を東京地裁に起こすことがわかった」

ここから三年以上にわたるユニクロとの裁判がはじまった。二〇一一年六月のことだった。

訴状によると、原告はユニクロで、被告は文藝春秋。名誉毀損で訴えられているのは私が書いた『ユニクロ帝国の光と影』と「週刊文春」の記事だ。私自身は訴外《そがい》、つまり訴訟の対象外という扱い。

ユニクロ側が求めているのは、二億二〇〇〇万円の賠償金に加え、本の回収と絶版、さらには大手新聞各紙への謝罪広告の掲載——だった。

端的に言えば、ユニクロが二億円超の支払いを求めているのは、文藝春秋であって、私ではない。ならば、「あぁ助かった」と思うかと言えば、そんなことはない。

本や雑誌記事を書いたのは私なのだから、この裁判は私に対するユニクロの攻撃であり、私自身がユニクロ側の言い分をはねのけない限り、私の著作物が正しいことを証明することはできない。

裁判でどのような結果が出ようとも、長丁場になるのはわかっていた。そのため、文藝春秋とのチームワークが上手《うま》く発揮できるようにすることを第一に考えた。いろいろな作業が必要となり、ストレスがかかる場面があることも想像される中、二人三脚で共闘する文藝春秋との関係がギクシャクしては疲労感というより、徒労感を味わうことになってしまう。

そこで私が考えたのが、動きやすい編集者とタッグを組むことだった。訴えられたのは本と週刊誌だったので、裁判に関わるはずの担当編集者は二人いた。その中で、より円滑に連携がとれる週刊誌の編集者と組むことができるようにと、お願いした。この人選のおかげで、その後の証人探しや裁判での証言などが、ずいぶんと楽に運ぶこととなる。

名誉毀損裁判で、私が書いたものが訴えられるのははじめてのことだったが、これはジャーナリストとして自分を守る術《すべ》を身に付けるのに得難い経験となった。

災いを転じて福となす、というと座りがいい話に聞こえるかもしれないが、余裕をもって、そう思えるようになるのはすべて終わってからのこと。

訴えられた当初は、どうすればいいのか皆目見当もつかず、ややもすれば、浮足立ちそうになった。

まずは、訴状をじっくりと読むことからはじめた。

名誉毀損の対象となっているのは、書籍内の「ユニクロで働くということ　国内篇」と、「ユニクロで働くこと　中国篇」の労働問題を扱った二章に絞られているということが、わかった。

具体的に名誉毀損にあたるとした記述は全部で二七カ所。国内篇が九カ所で、中国篇が一八カ所。まずは、本に蛍光ペンで色を付け、番号を振った。敵の手の内を知ろうと思ったのだ。

国内の労働環境の記述がどうして名誉毀損となるのかについては、訴状にこう書いてあった。

「原告ら（ユニクロを指す）がその営業店舗の店長に対して、実質的に月に三〇〇時間を超える就労を強要しており、これに対して店長は『タイムカードを先に押していったん退社したことにして就労を続ける』、すなわち労働基準法に違反する、いわゆる『サービス残業』を行っており、原告らは、この事態を知りながら見て見ぬふりをしているという事実を摘示し、原告らが、店長に過重な長時間労働を課し、かつ労働基準法違反行為を黙認・放置・奨励しているという悪質な会社であるという印象を一般的平均的な読者に強烈に与えるものとなっている」

中国の労働環境については次のように書いてある。

「原告らが中国においてその製品の製造を委託している工場では、劣悪な労働環境の下で長時間過重低賃金労働が行われており、原告らは、この事実を放置・黙認・隠蔽し、さらに、中国の生産工場側に苛烈な取引条件を押し付けており、そのことが劣悪な労働環境の原因になっているという印象を」読者に植えつけるものとなっている。

企業が裁判を起こすかどうかは、経営トップの決定事項だ。部長や取締役クラスだけの判断で、裁判を起こすことはまず考えられない。

ユニクロが裁判を起こすということは、つまり柳井正の判断なのだ。

私が手に入れた当時のユニクロの社内文書には、提訴に関する柳井正の言葉が書いてあった。

「文芸春秋に対して訴訟を行った。『ユニクロ帝国の光と影』という書籍と、この本の前提になった週刊文春の記事について、名誉毀損を理由として、東京地裁に提訴している。

この書籍は、ユニクロが収益を上げ、成長しているのは、社員やお取引先の犠牲の上に成り立っているという誤った印象を与えるような内容となっている。高収益を上げ、急成長を遂げているユニクロは、低価格と高品質を両立した商品を実現するために、店舗の社員やお取引先の労働者から搾取している、という内容が書籍に書かれている。

しかし、我々はそのような恥ずべき行為は決してしておらず、万が一、不適切な労働実態などがあれば、真摯《しんし》にそれを正していく企業である。社員の皆さんには、自分達の会社に誇りを持ち、自分達の仕事の正しさに自信を持って頂きたいと思っている」

柳井社長、ご立腹である。その逆鱗《げきりん》に触れたことで、裁判がはじまった。

公共性、公益性、真実性

名誉毀損裁判とは、どのようなものだろう。名誉毀損裁判には、民事と刑事があるが、ここでは、ジャーナリストが訴えられる頻度が高い民事裁判に絞って話を進めよう。

名誉毀損罪が成立するのは「公然と事実を摘示し、人の名誉を毀損した」場合である。この訴訟に限れば、私が本や雑誌に、ユニクロの過酷な労働実態の実態について書いたことで、ユニクロという法人の名誉が傷つけられた、となる。

名誉毀損について言えば、原告が訴状を出した段階で、名誉毀損罪はほぼ成立しているといえる。書かれた側が傷ついたと感じるだけで、簡単に成立する。しかし、名誉毀損裁判で重要なのはそこから先である。

書き手側が賠償金の支払いや本の回収・絶版といった原告の要求から免責される条件がある。次の三つの条件全てをクリアできれば、たとえ報道によって誰かの社会的な評価が低下したとしても、その言論活動は適法と認められ、賠償金の支払いからも免れる。

（一）　公共性（報道した対象が公的な人物や組織であること）
（二）　公益性（報道した内容が社会に資する公益的な目的があること）
（三）　真実性（報道した内容が真実であること）、あるいは真実相当性（真実であると信じる

だけの取材を尽くしたこと）

日本における名誉毀損裁判では、立証責任は一〇〇％書き手にある。訴える側は、事実と違うので名誉を毀損された箇所を指摘するだけでいい。そのため、書き手や出版社は証拠集めに奔走することになる。

書いたことが真実であり、かつ、公共性と公益性を持てばいい。真実かどうかはわかりやすいが、公共性と公益性とは何なのか。

公共性とは、平たく言えば、書いている対象が、政治家や官僚、企業の経営者などの公人であるのかどうか、あるいは組織が政党や役所、上場企業や宗教法人などであるのか、となる。つまり、取材対象が公人になっていることが重要だ。

公益性では、事実を開示することが、社会全体にとってプラスに働くことを目的としているのかが問われる。政治家や官僚が絡んだ贈収賄事件、経営者による不正会計事件、あるいは宗教法人の違法な勧誘行為など、幅広い内容において報道の公益性があると認められている。

この二点を満たし、さらに取材した内容が真実である、あるいは、書き手が真実であると考えるだけの十分な取材をつくしたのなら、賠償請求や削除請求を棄却することができる。

なぜ、名誉毀損罪にはこのような免責項目が設けられているのか。

それは、名誉の保護と、言論の自由のバランスをとるためだ。

人や企業が、心穏やかに生活していくには、それぞれの名誉が保護されなければならない。名誉を傷つける虚偽の報道や、個人のプライバシーに土足で踏み込み、踏みにじるような報道が横行する社会では、安心した市民生活を営むことは難しい。

しかし、名誉を保護することに比重を置きすぎると、民主主義の根幹をなす言論の自由が脅かされる。たとえば、政治家が有権者から票を買い取る、経営者が自社株の価格を操作してインサイダー取引で不当な利益を得る、あるいは、自動車の整備会社が会社ぐるみで客から預かった車を破損した上で修理費を上乗せするといった問題にまで、その名誉を守るために報道に規制がかかっては、社会にとっての不利益となる。

この二つの均衡をとるため、日本では、報道する側が先の三つの条件を満たせば名誉毀損罪となっても、合法な言論活動と認められる。

アメリカでは名誉毀損で訴えた側に立証責任がある

この名誉の保護と、言論の自由のバランスのとり方は、国によって異なる。

日本よりも言論の自由に重点を置くアメリカでは、公人に対する名誉毀損裁判の場合、訴えた側が裁判に勝つには、訴えた公人が、書き手がその内容を虚偽と知っていながらも、相手を貶《おとし》めようという悪意を持って報道したことを立証しなければならない。これは容易なことではない。

私がアメリカの大学でジャーナリズムを勉強した際も、言論の自由にとってマイルストーンとなった六〇年代の〈ニューヨーク・タイムズ対サリバン事件〉の最高裁判決について学んだ。

「ニューヨーク・タイムズ」紙が、アラバマ州で逮捕された公民権運動のリーダー、マーチン・ルーサー・キング牧師のために、南部の聖職者グループの意見広告を掲載したところ、アラバマ州モントゴメリー市のサリバン警察長官が、名誉を毀損されたとして訴えた裁判だ。広告には、モントゴメリー市において、人種差別に反対する学生たちが、ショットガンと催涙弾で武装したトラック一杯の警察官によって取り囲まれ、追い立てられた、などと、同市警察を非難する言葉が書かれていた。この広告が同市の警察とそのトップであるサリバンの名誉を毀損したとして訴えた。

しかし、最高裁は、「ニューヨーク・タイムズ」紙が掲載した意見広告には、サリバン側を貶めようという悪意を持って意見広告を載せた証拠を見出すことはできなかったとして、「ニューヨーク・タイムズ」紙の勝訴を言い渡した。

最高裁は、名誉毀損裁判は公人を批判した表現に対して制裁を加えることを目的に用いられてはならず、批判した書き手に対し、書いた内容が正確かどうかを証明せよと要求することは報道の自由を損ねる、とした。さらに、最高裁は、書き手が「現実の悪意」をもって行動し、「それが虚偽かどうか、まったく意に介さずに」情報を報道したということも、原告側が証明しなければならない、と裁定したのだ。

これ以降、アメリカでは、仮に大統領がメディアを名誉毀損裁判で訴えても、新聞社や出版社側が裁判で負けることはまずない、といわれるようになる。

この判決があったからこそ、「ワシントン・ポスト」紙は七〇年代、時の大統領であるニクソンから名誉毀損罪で訴えられて負けることを恐れることなく、ウォーターゲート事件を追及することができた。「ワシントン・ポスト」紙は、自らが真実と信じた記事を掲載することができた。同紙は〈ディープ・スロート〉という匿名のニュースソースに依拠し、ニクソン大統領が選挙妨害を指示していたことを突き止め、ニクソンは辞任に追い込まれる。

私憤や暴露本位の記述はNG

日本における先の名誉毀損裁判の三つの原則、公共性、公益性、真実性を頭に入れ、次の二つの言説について考えてみよう。

一つは、子どもたちがよく口にする、「お前のかあちゃん出べそ」というたわいもない戯《ざれ》言《ごと》。もう一つは、アンデルセン童話にもある「王様は裸だ！」という寓話《ぐうわ》だ。

先の法則に倣うなら、「お前のかあちゃん出べそ」においては、お前のかあちゃんは公人ではなく私人である。また、それを指摘したところで、社会の公共の利益にもつながらない。よって公共性も公益性もないので、かりに「出べそ」が真実だったとしても、名誉毀損罪が成立し、賠償等も発生する。

しかし、「王様は裸だ」という発言は違う。相手が王様という公人であり、もし性質《たち》の悪い仕立て屋に騙された結果、王様が裸のままでいるとするならば、仕立て屋は詐欺罪に問われる恐れがある。また、王様が裸でいるために病気になり国政に差しさわりが出る場合などは、公共性と公益性があると認められる。さらに本当に王様が裸である場合、先の三つの条件が満たされ、名誉毀損罪は成立したとしても、賠償や削除要求を免れることができる。

名誉毀損裁判の反面教師として考えるに最適な事件が起こった。

暴露系ユーチューバーのガーシーこと東谷義和が、芸能人の醜聞をネット上に晒《さら》したが、あまりに悪質すぎて、刑事裁判で有罪判決が下った〝ガーシー事件〟だ。

事の発端は、東谷義和が詐欺を働いたことだった。

不法賭博にはまって数億円の借金を抱えた東谷義和は、人気のユーチューバーに企業広告への出演が頼めるや、韓国の人気アイドルグループに会わせてやるなどのウソをついて、金を騙し取った。詐欺行為が表沙汰になるとドバイに逃亡した。

そのドバイから、ユーチューブを使って芸能人のスキャンダルを暴露しはじめた。

その理由を自著でこう語っている。

「今の俺の活動は、私怨に駆られて燃え上がっている段階や。自分の恨みのために戦っとる」

芸能界の女衒《ぜげん》として生きてきた東谷が、日本から逃げ出さざるを得なくなると、それまで付き合いのあった芸能人の態度が手の平を返したように冷淡になった。

東谷義和は、「朝日新聞」の元記者にこう語る。

「助けを求めたかった相手にラインをしたら無視されたりしました。でも、これまで僕がスキャンダルを晒してきた（中略）彼ら（引用者注・芸能人）が困ったとき、みんな僕が助けてきたんですよ。誰も手を出さないような案件でも僕は手を差し伸べてやってきたのにもかかわらず、その彼らから一切の連絡はなかった。（中略）あ、これはわざわざ忖度する必要はないな。全部、晒したろうと思ったんです」

その姿勢の根幹にあるのは、個人的な恨みと「本当のこと晒して何が悪い」という思い。

注目すべきは、東谷義和が公共性や公益性について一顧だにしていない点だ。

その事実を世に問うことで、社会全体のためになるかどうか、といった公益性の視点はすっぽり欠落している。

公共性についても、芸能人は公人と私人との中間地点に位置するため、公開する事実の内容いかんによっては、公人と私人の立場がわかれるという微妙な点も、まったく理解していない。

「お前のかあちゃん出べそ」の例で説明した通り、それでは名誉毀損罪から免れることはできない。

逮捕される前、東谷は名誉毀損裁判についてこう語っている。

「俺に対してできる嫌がらせは、民事訴訟を乱発することくらいしか思いつかん。これも名誉毀損や、あれも名誉毀損やと難癖をつけて、次々と裁判を起こす。でもそんなことをしたところで、俺にとっては痛くもかゆくもない」

「刑事告発をしようが民事裁判を起こそうが、日本にいない俺には関係ない。逮捕される心配もなければ、賠償金を払う必要もないわけや」

しかし、警視庁は、その手口があまりに悪質で、被害も甚大ということで刑事告発した。そして、旅券が失効したため帰国したタイミングで逮捕、起訴した。

一審では懲役三年の有罪判決が下っている。

判決は「自らを（引用者注・海外という）安全圏に置きながら、反論できない被害者に誹《ひ》謗《ぼう》中傷の波を浴びせかける犯行は卑劣で悪質だ」と批判。動機については「借金返済のために金もうけの目的で繰り返した。正当化される余地はない」と断罪した。

今後、刑事裁判が終わると、民事裁判でも訴えられ、多額の賠償金が発生する可能性もある。こうした私憤や暴露本位で公の場で発信をつづければ、当然の帰結といえよう。

また、法律に関して無知でいることは、一生を棒に振る危険性すらあるということを教えてくれる好例ともいえよう。

こうした失敗は、東谷義和だけにとどまらない。ＳＮＳ全盛の時代に、ネットでの発言をもとに名誉毀損で訴えられる事例は後を絶たない。

書くことを生業《なりわい》とするつもりなら、匿名のＳＮＳのアカウントや、匿名の掲示板などで、暴言を吐かないように慎むことだ。情報開示請求で、発信者が特定されれば、ＳＮＳでの呟《つぶや》きでも、名誉毀損罪は成立する。

公の場所で文章を書くということは、相当の責任が伴うのだ。

潜入取材において、大切なのは次の点。

どこにも明かされていない事実をつかみ、世に問うことを目的とした潜入取材において、もしも報じる内容に公共性と公益性が欠落しているのならば、時間をかけて取材したとしても、名誉毀損裁判で負けてしまう。潜入する前に、自分が書く内容が、十分な公共性と公益性を備えているのかを考えることが大前提となる。

名誉毀損になるかどうかを判断する際、難しいのは、先に挙げた芸能人に対する取材だろう。マスコミに露出することが活動の基盤となっていることを考えると、まったくの私人とも言えない。しかし、公的なお金をもらって活動している政治家と比べると、公人の度合いははるかに低い。

もし芸能界へ潜入取材するのなら、取り上げる内容によって裁判の勝敗のオッズは変わってくる。

たとえば、大手芸能事務所に潜入し、東谷義和のように芸能人の私生活を暴露した本を書いて、名誉毀損裁判を起こされたなら、勝ち目はない。けれども、芸能事務所における未成年者の性的な暴行事件や、闇社会とのつながり、麻薬汚染問題などとなると、その事実を公にすることが社会全体の利益になる、と判断される可能性が高くなる。

真実性の証明と情報源の秘匿の狭間

名誉毀損裁判において、書き手が苦労するのは真実かどうかの証明だ。

書いたことが真実なら、それを証明するのは簡単だろう、と思うかもしれない。真実かどうかの証明で一番ハードルが高いのが、匿名の証言だ。すべて実名で話が聞けるのがジャーナリズムの理想だが、実名で話せば、不利益を被る人もいる。

ところが、裁判所は匿名の発言を真実だとは認めない。

書き手は裁判において真実性を証明しなければならないが、同時にニュースソースを守ることも求められる。〈情報源の秘匿〉だ。これはジャーナリストの職業倫理に関わる重要な心得ではあるが、法律などに規定されたものではない。

だが、ジャーナリストとして活動を続けたければ、ニュースソースとの信頼関係が必要となる。たとえ、裁判で不利になろうとも、匿名の情報源を漏らすことは信義に反する。

裁判における真実性の証明と、情報源の秘匿の狭間《はざま》で、ジャーナリストはもがくことになる。

ユニクロの国内の労働問題の焦点となったのは、店長の月間労働時間。私は、店長が月間三〇〇時間以上働くこともある、と書いた。

ユニクロ側が私の記述は真実ではないという証拠として提出してきたのが、店長全員の労働時間の一覧表。それによると、全店長の月間労働時間は、ユニクロが上限と定めた二四〇時間未満に収まっている。

けれども、繁忙期になると業務量が膨れ上がるため仕事が終わらず、タイムカードを〝早押し〟した後で残業をつづけている店長もいる、というのが本で書いた主張だった。

ユニクロ側は、提出した一覧表が正しいことを証明する必要はない。この一覧表に誤りがあることを証明するのは、書き手の方なのだ。先に、立証責任は一〇〇％書き手にある、と書いたのはこの点を指す。

さらに、書き手が情報源を秘匿しなければいけないことは、ユニクロ側も十分承知しているので、匿名の証言に的を絞って真実性を問い質《ただ》してくる。

私は裁判の準備の第一歩として、国内の労働問題に関する主役ともいえる元店長に会いに行った。国内で争点となっている箇所の半分以上が彼の証言についてだったからだ。

関西のターミナル駅で待ち合わせ、取材した時と同じファミレスに向かった日は、最初に話を聞いてから約二年がたっていた。

私は、彼の証言が裁判で大きな争点となっていることを告げると、彼は争点となっている引用は、自分の発言であり、その内容に間違いがないことを確認してくれた。

私は、本書に書いてあることが事実であるという陳述書に実名でサインをしてくれないか、とおそるおそるお願いした。

彼は二つ返事で快諾してくれた。

「僕の話したことをユニクロがウソだというのなら、それに対して僕はウソではないですよ、といいたいですね」

私にとっては、幸先のいいスタートとなった。国内労働問題においてユニクロが名誉毀損としている箇所の半分以上は、事実であると証明されたからだ。

名誉毀損裁判での勝敗は、どのように決まるのだろう。

先に、ユニクロ側が挙げてきた争点は二七カ所あると書いた。仮に、文春側と私が二六カ所は真実だと証明することができたが、最後の一カ所だけは真実だと詰め切れなかった、としよう。通常なら二六勝一敗ともとれるのだが、裁判では、一カ所でも証明できない部分が残れば、訴えられた方の敗訴となる。

判決翌日の新聞は、こう書く。

「文春側、ユニクロに敗訴」

訴える側は、書き手が一カ所でも証明できない点を見つければ、勝訴を手にすることができる。訴える側が圧倒的に有利な裁判なのだ。ユニクロ側にしてみれば、争点の半分以上が真実だと証明されたとしても、痛くもかゆくもない。

国内の労働問題で最後に残った争点は、匿名の現役店長が語る次の言葉だ。

「繁忙期となると、（引用者注・労働時間は）今でも月三〇〇時間を超えています。そんな時は、タイムカードを先に押して、いったん退社したことにしてから働いています。本部ですか？　薄々は知っているんじゃないですか」

この発言を三つに分けると次のようになる。

（一）繁忙期には月三〇〇時間以上の労働が行われていた。
（二）タイムカードの早押しが行われていた。
（三）ユニクロ本部は現場のサービス残業について薄々は知っていた。
もちろん、私はこの現役店長の名前も、働いている店舗名も、携帯電話の番号も知っている。しかし、私が店長の名前を公表すれば、今もユニクロで働く店長がどれほどの不利益を被るのかは想像もつかない。

ユニクロ側の弁護士は、現役店長の発言に的を絞って突いてくる。

ユニクロが裁判所に提出した書面にはこうあった。

「被告は、この『今でも月三〇〇時間以上働いている』と証言する『現役店長』が誰でどの職場の話であるか明らかにしない。そして、その『証言』は何らかの具体的現実的な事実に触れるものがない。現在、月間二四〇時間を超えて就労する店長など原告会社には存在していないことを鑑《かんが》みたとき、原告会社らは、横田が捏造した取材源に他ならないものと推測する」

訴える側はお気楽だ。ただ怪しいと思った箇所を指摘するだけでいいのだ。

それに反論するため、文春と私はどういう手段をとったのか。

本が出版された時点でユニクロで働いていた元店長や元店長代行（副店長）を、改めて探し出し、上記の点に間違いはないと証言してもらう方法をとった。

その結果、三〇〇時間を超えて働いていたと証言してくれる二人を見つけ出し、陳述書に実名でのサインと捺印《なついん》をもらい、裁判所に提出した。

最後となった店長代理から陳述書をもらえるかどうかは、五分五分といった感じだった。彼の身内がユニクロで働いていたため、陳述書が身内の不利に働かないか、という懸念があったからだ。

手書きの取材ノートは身を助ける

盛夏、都内の喫茶店で、彼の話を聞きながら、弁護士がノートパソコンで陳述書を代筆する。それまでは、私が近くのコンビニを探してプリントアウトして、サインをもらっていたが、最後は、私が会話で微妙な空気をつなぐ役を引き受け、弁護士がコンビニでプリントアウトしてくるのを待った。

「本部からは、月二四〇時間以上働くことは厳しく禁止されており、それ以上働いていることが発覚すれば罰則を科せられます。しかし、現場では、店長や店長代行によって月三〇〇時間を超える労働が行われているのが実態です」とある陳述書にサインをしながら、彼は実名証言に応じた理由をこう語った。

「もしも、ボクの証言が、労働時間の上限と本部のペナルティとの板挟みになって苦しんでいる現場を改善するのに役立つのなら嬉しいです」

合計三通の実名の陳述書が、国内労働問題の決め手となった。

残るは、中国での長時間労働の記述。浙江《せっこう》省にある委託工場に関する労働実態に絞られた。

工場の営業マンが語ったユニクロの取引条件の厳しさと、一七歳と一八歳の二人の女性たちが、朝早くから午前零時過ぎという深夜労働をしていたかどうか、という点だ。

営業マンは本でこう語っている。

「下請け会社のコンプライアンスを重視する欧米の企業は、作業員の残業時間の管理に非常に厳しい。法律で認められている範囲を超えて残業させるのを厳しく禁止している。それに対して、ユニクロは納期を重視する。納期に間に合わなければ、残業してください、それでもダメなら徹夜してください、という感じだ。中国の作業員の労働環境などには興味がないようだ」

女性工員はこう語っている。

「とくに先月（三月）は、午前零時や午前三時までの残業が何度もありました。でも次の日の仕事は朝八時にはじまるから、ほとんど眠る時間がありません」

楽しみは工場が年二回開いてくれる慰安会だという彼女らに、嫌いなものは何かと尋ねた。

「残業、残業、残業！」

そう、答えが返ってきた。

営業マンからもらった名刺には、携帯電話の番号が記してあったので、電話を掛けると彼がでた。

本が出版された後、彼は工場を解雇されたという。本では営業マンとだけ記し、名前を明記していなかったが、彼の上司から日本からきたジャーナリストに、日本語ができる彼が対応するように命令されたとのことで、彼の発言であることは隠しようがなかった。彼は現在、田舎に帰って、「牛糞を素手で扱う野良仕事」に従事しているという。

取引先であるユニクロに不利な発言をしたことだけで十分に馘首《かくしゅ》の条件にされてしまう。

私は、本で引用した言葉に間違いはあったのか、と繰り返し尋ねたが、間違いであるかどうかは関係ない、という答えが返ってきた。

「本に書いてあったことが真実かどうかということよりも、オレが飯を食っていくことの方が気にかかる。横田さんのやっている仕事は理解できるけど、オレは自分の話したことが真実であるということを証明する気持ちにはなれない」

二人の女性工員については、携帯電話の番号も、メールアドレスもなく、一〇年以上前のネット環境では、日本から追跡して探し出すことは不可能だった。

裁判資料としては、彼女らに取材した手書きのノートを提出した。ノートには、会話の内容に加え、通訳が中国語で書いた取材者の名前の表記を、私が日本語の文字に書き換えた跡などが残っている。先に、手書きのノートが名誉毀損裁判で身を守ることもある、と書いたのは、このことを指している。同時に、取材時に撮った写真も提出した。写真には私が手渡した名刺を、女性工員たちが手にして話しているところが写っていた。

ユニクロは、私の本が出版される数カ月前に「日経新聞」に全面広告を打っている。その広告には、こんな文章が出てくる。

ユニクロは年間六億着を生産し、その八割を中国の工場に委託している、とした後の一文だ。

「(委託工場における)過剰な残業時間や連続勤務の背景には、ユニクロの発注時期の遅れや急な計画変更のしわ寄せが生産現場に及んだと考えられる場合もあり、私たちも自らを厳しくチェックしなければなりません」

ユニクロが自ら墓穴を掘っているとしか思えない文章を探し出し、裁判所に提出した。

的外れな質問をするユニクロ側の弁護士

私が裁判の証人として証言台に立ったのは、二〇一二年一二月のことだった。生まれて初めての証言台だ。

当初、私の証言調べの時間は九〇分。まずは、「良心に従って真実を述べ、何事も隠さず、偽りを述べないことを誓います」という宣誓書にサインをした。

このころ、私は緊張するというより、少しでも早く弁護士を含めたユニクロ側と対決したいという好戦的な気持ちになっていた。あれこれと難癖をつけてきた弁護士と対面してどちらの言い分が正しいのか白黒つけたかった。

ユニクロ側の弁護士の質問は、終始ピンボケといおうか、的外れというべきか。私が聞いていても、「そんなので大丈夫なのか」と心配になるほどだった。鋭いとか、突かれて痛いな、という質問は一つも飛んでこなかった。

たとえば、中国工場のことを書いた「週刊文春」に「ユニクロ　中国『秘密工場』に潜入した！」とある見出しの潜入という言葉について、何度も訊いてくる。

弁護士いわく。

「辞書によると、潜入というのはこっそりと潜り込むと書かれてありますけど、こっそり工場の中に入って直接体験したのでしょうか」

潜入の定義に関する質問が一〇回以上続く。

誤解のないように書いておくが、私はユニクロの中国工場に潜入してはいない。雑誌の見出しは、煽《あお》り気味につけるため、「潜入」という言葉が入っているだけで、私が労働者を装って潜入していないことは、法廷にいるだれもがわかっているはずだった。しかも、裁判で争われている論点とはなんの関係もなかった。

私が神経に障るなと思ったのは、工場の女性工員から話を聞いた様子について、こう指摘されたときのこと。雨が降る中で、工場の周辺で二〇分ほど彼女たちの話を聞いたことを私に確認した後、弁護士はこう言った。

「言葉は悪いんですけれど、いわゆる街頭アンケートみたいなものですか。よく街角、渋谷とか新宿でやっている街頭アンケートとかキャッチセールスみたいなものですか」

ふざけるな、と思った。

取材は、街頭アンケートやキャッチセールスとは全然違う。私は名刺を渡してジャーナリストと名乗ったうえで、相手の名前や年齢を聞いてから取材しているのだ。おまけに、取材相手の写真も撮っている。そう反論した。

改めて証言を書き起こした裁判資料を読んでも、気の抜けたような質問だったという印象は変わらない。

証人調べの最後に、裁判官から質問があった。

ユニクロの現役店長に取材したのは一人だけなのか、どのように店長だと確認したのか、という質問。私はその質問に答えながら、やはり争点となっているのは現役店長の証言なのだな、と確信した。

喜劇と化したユニクロ側の証言

証人調べで崩壊したのはユニクロ側だった。

ユニクロのCSR担当の執行役員は、証人台でしどろもどろになった。

先に挙げた「日経新聞」のユニクロの全面広告について、文春の弁護士から訊かれた際のやり取りを裁判資料から引用しよう。

――日経の広告は、ユニクロが急に発注時期を変えたり、計画を変更したりということが前提となった広告の文章なんでしょう。

担当役員　そうではなくて、そういった事例があるわけではないです。

――じゃあ、何を言っているんですか。

担当役員　これは、過剰な残業時間や連続勤務の背景には、ユニクロの発注時期の遅れや急な計画変更のしわ寄せが生産現場に及んだことも考えられる場合もあり、私たちも自ら厳しくチェックしなければならない、ということをきちんと認識して、我々としての決意を表明した内容となっているんです。

――全然わからないですよ。ユニクロが発注計画を急に変えたことはあるんですか、ないんですか。

担当役員　それは、私の担当外なので、それについては情報を持ってません。

――CSRの担当役員なんでしょう。「日経新聞」の全ページに出す広告でしょう。その広告の文章の中で、しかもこれは中国に関する話ですよね、そこに書かれている内容として、こういった事実がユニクロであるのか、ないのか、そんなこともあなたは知らないんですか。

担当役員　この発注時期の遅れや急な計画変更ということのしわ寄せが生産現場に及んだと、そういうことはないです、と申し上げているんです。

――広告には「生産現場に及んだと考えられる場合もあり」って書いてあるけれど、実際はそういうふうに考えられる場合はないということですか。

担当役員　しわ寄せが生産現場に及んだということは事例としてはございません。

――ないけれども、「考えられる場合もあり」と、だれも認識しない事態を想定して広告の文章を作って、「日経新聞」に全面広告を載せたということですか。

担当役員　そういったことがないように、私たちは自ら厳しくチェックしなければならないと書いている、そういう内容です。

文春の弁護士の言うとおりだ。傍聴席で聞いていた私も、彼が何を言っているのか、まったくわからなかった。伝わってきたのは彼の焦燥感だけだった。

裁判のために中国から来日した委託工場の工場長の証言は、さらに悲惨だった。

工場長は、ユニクロの弁護士の質問に対し、工場の稼働時間は、午前八時から午後五時が定時で、残業がある場合でも午後八時には終わることになっている。よって、従業員が午前零時や午前三時まで残業することはあり得ない、と断言した。

これが真実なら、私がウソを書いたことになる。

裁判の負けが確定するはずだった。

しかし、文春側の弁護士に突っ込まれると、工場長はすぐに馬脚を現した。

――ユニクロの工場は午後八時に閉めてしまうんですね。

工場長　残業がない場合は、そうです。

――残業ないんでしょう。残業あるんですか、午後八時を超えて。

工場長　午後八時には全部閉めますので。
――午後八時になると、工場はどういうふうになるんですか。
工場長　電源落とすんですね。ドアは閉めて。
――鍵は？
工場長　多分、責任者は最後に鍵をかけます。
――ロックをするんですか。
工場長　普通はすると思います。
――知らないの、あなたは？
工場長　工場にはあまり行かないので。
――知ってるか、知らないかだけ答えてください。知らないの？
工場長　詳しくは知りません。
――例えば、何月何日は何時に鍵を閉めましたというような記録はあるんですか。
工場長　知りません。
――それも知らない。
工場長　はい。
――調べてきたりもしなかった。

工場長　ないです。

――この工場が何時から何時まで生産していた、あるいは何時から何時の間は生産を停止していたということを示す、客観的な資料はあるんですか。

工場長　私はちょっと知りません。現場のほうにあると思います。

――どんなものがあると思われるんですか。

工場長　私はちょっとわからないですけど。

――あなたが話しているのは、中国の法律で決まっている月間の上限残業時間に合わせてあるはずだから、工場の残業時間も必ずそういうふうにやっているだろうと思う、ということですね。

工場長　そうです。

――現実に工場がどうなっているか、詳しいことはわからないですね。

工場長　そうです。

裁判というより、下手な喜劇をみているようだった。あまりのお粗末さに、言葉を失う思いがした。

東京地方裁判所で判決が下されたのは、二〇一三年一〇月のこと。

裁判長が判決文を、

「主文一・書籍の回収にかかる原告らの訴えを却下する。二・原告らのその余《よ》の請求をいずれも却下する。三・訴訟費用は原告らの負担とする」

と読み上げ閉廷となった。その間、わずか一分足らず。

「週刊現代」は、その時の様子をこう伝えている。

「裁判長が主文を読み上げると、ファーストリテイリング（＝ユニクロ）サイドに激震が走った。名誉毀損訴訟ではまれにみる、原告側の全面敗訴だった」

「週刊東洋経済」はこう伝えた。

「ユニクロ側の完敗といっていい判決内容だった。東京地裁は、原告側の請求をすべて退けた」

判決文は、国内の長時間労働については、「真実である」とし、中国の長時間労働については、「真実相当性がある」とした。

国内については提出した三通の陳述書が決定打となった。

中国の労働時間については、判決文に、写真を撮っていたことなどから、私が「女性から上記の取材を行ったこと自体を否定することはできない」とし、さらに、別々に聞いた女性たちと営業マンの話の内容が一致することから、「信用性は高いということができる」、よって本の記述の「前提となる事実の重要な部分が真実であると判断したことには相当の理由がある」とあった。

真実と真実相当性はどう違うのか。

真実とは、その言葉通り、書かれたことが真実である、と裁判所が認めたことを指す。一方、真実相当性とは、真実とまでは言い切れない部分は残るが、書き手が真実だと信じるだけ取材を尽くした、という意味だ。

判決文では、私がユニクロ側に事実確認のために取材を申し込んだにもかかわらず、それが断られたことが複数回にわたり言及されている。

この本を書く前、柳井正本人への取材は一回だけしかできなかった。

そこで、その後の取材から国内外の長時間労働の実態が浮かび上がってくるたび、取材を申し込んだ。合計六回にわたり取材を申し込んだが、そのいずれもが断られた。

取材をお願いするたびに、広報部から「柳井は多忙につき、ご要望には沿いかねます」と返される。

これでは埒《らち》が明かないと思って、本を出版する直前のユニクロの決算発表に出席し、その場で広報担当者に取材のアポイントを取った。一週間後に取材に応じるとの答えをもらった。

しかし、取材前日にキャンセルとなった。送られきたメールにはこう書いてあった。

「今回のアポイントが、ご準備中の書籍に関するご取材ということであれば、当方はご協力いたしかねます。書籍に関しましては、柳井自身も当社としても、正式に取材をお受けしておりません」

名誉毀損裁判で争うことになったとき、こうした取材拒否は、書き手の有利に働く。私としては、ユニクロ側の言い分を聞こうと努力したが、ユニクロ側がその申し出を断ったのでは、書き手が真実であると信じるだけ取材を尽くしたという事実が積み上がる。裁判所とすれば、ユニクロが名誉毀損で訴えるぐらいならちゃんと取材に応えておけよ、というようにみえるのではないか。

教訓としては、訴えられそうな内容だったら、相手への取材を尽くす。たとえ断られても、何度でも取材を申し込む。もしコメントが取れれば、その主張も併記する。

週刊誌などのスキャンダル取材で、取材対象に直撃してコメントを載せるのは、名誉毀損裁判の対策の意味もある。

東京地裁の判決で勝負あった、の感があったが、ユニクロは高等裁判所に控訴し、そこでも敗訴。さらに最高裁が上告を棄却して、ユニクロの敗訴が確定するまでに、さらに一年以上かかった。

スラップ裁判の卑劣な手口

裁判が継続する間、私の胸に居座り続けた疑問は、いったいどれだけ本気で、ユニクロは裁判に取り組んでいるのだろうか、という点だった。本当に裁判で勝つつもりはあるのか、と。私が一年かけて取材してつかんだ長時間労働の実態を、ユニクロが全然知らないことがあり得るのか。それとも、強気の態度に出ることで、不都合な真実を封印しようとしているのか。

事実は後者であったようだ。

裁判後、柳井の側近が私に、訴訟を起こす前の様子をこう話してくれた。

「裁判はやめるよう、柳井社長に進言しました。柳井社長が思っているほど、現場の労働環境はホワイトではありませんよ、と。本で指摘されているような長時間労働は、全体の店舗の三割前後で存在します」

社内は訴訟と見送りの間で揺れたが、最後は柳井の判断で訴訟に踏み切った。

社内で長時間労働が横行しているのなら、なぜ柳井は訴訟に打って出たのか。先の側近はこう語った。

「社内で長時間労働を撲滅しようと取り組んでいるタイミングで、横田さんの本が出て、横《よこ》槍《やり》が入ったように感じたんでしょう。それがどうしても許せなかったんだと思います」

柳井の気持ちを知るには、柳井に直接訊いてみるしかない。しかし、柳井の本音を脇に置いても、この訴訟には、はっきりとした効果があった。

ユニクロが文藝春秋を訴えた後、ユニクロの労働問題を問う報道が一時期ピタリと止まった。

言論を封じ込めることを目的とする裁判を、〈SLAPP《スラップ》裁判〉と呼ぶ。

スラップ裁判とは、どんな訴訟だろう。

月刊誌「サイゾー」に寄せた電話取材のコメントを〈オリコン〉から名誉毀損として五〇〇〇万円の損害賠償で訴えられた経歴を持つジャーナリストの烏賀陽《うがや》弘道《ひろみち》は、ジャーナリストの西岡研介《にしおかけんすけ》との共著『俺たち訴えられました!』でスラップ裁判を次のように定義している。

スラップ裁判とは、資金や組織などの資源を持つ強者が、裁判という手段に訴えることで言論機関を威嚇することにより、不利益になる発言が広まるのを妨げる目的で起こす裁判を指す。そこでは、提訴すること自体に意味があり、勝ち負けは二の次だという。訴訟の体裁をとりながら、報道の自由を妨害するのが本当の目的だ。

ユニクロが起こした裁判こそが、まさにスラップ裁判に他ならなかった。ユニクロが自分達が気に入らない記事や書籍を簡単に訴えてくるのなら、メディア側が報道に二の足を踏むのは当然だ。

重要電話には必ずメモをつける

ユニクロはこのころ、明らかに名誉毀損裁判を武器にして、ネガティブな情報を封じ込めようとしていた。

ユニクロは、海外でも私の本に対して訴訟を起こしている。

日本での刊行から約半年後、『ユニクロ帝国の光と影』の韓国語訳が出版されることが決まると、ユニクロの弁護士は韓国の裁判所に出向き、出版の差し止めを請求した。しかし、裁判所はユニクロの請求を棄却している。

ユニクロと裁判まで至ったのは、私が書いた本だけである。だが、ユニクロは、雑誌記事と別の書籍に対し通告書を送付している。

一通目は、『ユニクロ帝国の光と影』の発売後に、「ユニクロ『入社5年目で9割が退社する柳井王国』」という記事を掲載した月刊誌「ZAITEN」の編集部に送りつけている。

記事を執筆したジャーナリストの渡邉正裕《わたなべまさひろ》は、こう書いている。

「文春の件で味を占めたユニクロは、訴訟を起こすことをチラつかせ、口封じのための脅し目的とみられる『通告書』を編集部に送ってきた（2012年6月）。結果、『ZAITEN』誌上で続報を打てなくなった。これは中小出版社としては倒産リスク回避のため致し方ない。ユニクロとは財力が違いすぎるのだ」

もう一通は、『ブラック企業』の著者であるNPO法人POSSEの代表で、一橋大学の大学院生であった今野晴貴《こんのはるき》に対してだった。『ブラック企業』には、ユニクロという社名は出てこない。「衣料品販売X社」という匿名扱いで、労働者の話をもとに、どうしてブラック企業と言えるのかを分析していた。

ところが、ユニクロは「この書籍において貴殿（今野晴貴）が提示されている『衣料品販売X社』なるものが通告人会社（ユニクロ）らを指すものであることは明らかです」、「通告人会社らに対する虚偽の事実の適示や違法な論評などを二度となされませんよう警告申し上げます」という通告書を送った。

今野は、月刊「文藝春秋」にこう書いている。

「ユニクロが博士課程の一研究者に過ぎない私に対し、こうした法的文書を送ってきたことは正直、意外でもありました。同社の『旧日本軍』とも評される、高圧的な体質が反映しているのかもしれません」

　スラップ裁判に詳しい弁護士の青木歳男《あおきとしお》は、こう語る。

「訴える側の大企業にとっては、自分たちの社会的な評価を低下させる表現を見つけ、あとは訴訟を弁護士に依頼すればいいだけだから、うるさいメディアを黙らせるには低廉なメディア対策なのだ」

　自らも〈幸福の科学〉から八億円という高額訴訟を仕掛けられた弁護士の山口広《やまぐちひろし》は、スラップ裁判の要諦は高額請求にある、という。

「高額な賠償金を吹っかけ、マスコミがその企業について書くと面倒なことになる、と思わせるのがスラップ裁判の狙いです。ユニクロ側の二億二〇〇〇万円という賠償金は明らかに高すぎる。名誉毀損でこれまで一〇〇〇万円以上の請求が認められたことはほとんどないことから考えれば、請求額は二〇〇〇万円でも十分。二億円超なんて認められることがない額であることがわかっていながら吹っかけている点からも、この『ユニクロ帝国の光と影』に対する訴訟はスラップ裁判と考えることができます」

　言論封じを目的に裁判を振りかざしてくるのは、ユニクロだけではない。先に挙げた烏賀陽弘道を訴えたオリコンや、「週刊東洋経済」を訴えた人材派遣会社のクリスタル（二〇一〇年、倒産）、「週刊金曜日」などを訴えた消費者金融の武富士――など枚挙にいとまがない。

だれが、何を訴えてくるのかは、神のみぞ知る。

だれだって訴えられたくはない。名誉毀損裁判に巻き込まれればめんどうだ。

しかし、大事なことは、たとえ訴えられても、裁判で勝つことができることを意識しながら、日々の取材を進めることだ。もし、このまま書いて訴えられたら負ける、と思ったら、勝てると思えるまで取材を続けることだ。

それには、書いているものに公共性と公益性があることが前提になるが、それに加え、真実であることを証明できるよう、メールの記録や手書きのノート、写真などの映像、加えて取材音源や、重要な電話の音源もきっちり保存しておくことが、ジャーナリストとしての自分の身を守ることにつながる。

スマホには、電話の会話を録音して残す機能があるが、重要な電話には、必ず簡単なメモをつける。いつ誰と話した内容、というように。

膨大に残る日々の電話の音源から、必要な記録だけを見つけ出そうとすると無駄な時間がかかるからだ。

私は先般、悲運な後半生をたどった著述家の取材をしたとき、彼が大量の睡眠薬を服用して、自殺未遂を図ったという情報をつかんだ。

どこにも出ていない情報だ。スクープだ。

彼の知人の証言と、その著述家が睡眠薬服用後に救急搬送されたという公文書を手に入れた。けれども、親族に取材を拒否されたため、あと一歩が詰め切れなかった。

書きたかった事実ではあるが、裁判所で真実性が認められるのか、と自分自身に問うたとき、疑問符がついたので、その自殺未遂について書くことを見送った。

常に訴えられるわけではない。だが、名誉毀損裁判で勝てることを基準にすると、取材のハードルを上げざるを得ない。

それが、自分を守るためでもあり、この業界で長く仕事をつづけていく術でもある。

第六章　いかに文章力をつけるか

本の執筆はフルマラソン

潜入現場で取材を尽くし、いい材料を集めてきたら、いよいよ執筆だ。

取材と執筆では、異なるメンタリティーが要求される。

取材現場で必要なのは一瞬ごとの判断力と行動力。さまざまな障害をものともせずに突き進む突破力や胆力などが求められる。取材現場は刻々と変わりつづけ、取材対象の話も次々と流れていく。二度と再現されることのない事実をどうやって切り取り、保存していくのかという動態の能力が求められる。

それに対し、書くことは静態で、内向的だ。取材で集めた膨大な証言や事実を、本という容器に丁重に流し込んでいく精密な作業だ。潜入体験を本として未来に残すには、取材力に加え、書くという技量があってはじめて成り立つ。

ここで述べる文章術とは、本を書くための心構えだ。

新聞の記事やコラムなら、せいぜい一〇〇〇文字が上限だ。雑誌の記事なら五〇〇〇字前後となる。しかし、本となると新書で一〇万字が必要だ。『「トランプ信者」潜入一年』には、約三〇万字を費やした。この本は、一年近く自室に籠《こも》って書きつづけた。新聞記事なら、編集部で一気に書き上げることもできる。ところが、本の原稿は、そうはいかない。

新聞記事を書くのが一〇〇メートルの短距離走とするなら、本の原稿を書くのは四二キロ超を走るフルマラソンぐらいの隔たりがある。使う筋肉も、呼吸法も、ペース配分も、気持ちの持ち方も全然違ってくる。

長期にわたる孤独な執筆作業を、ノンフィクション作家の佐野《さの》眞一《しんいち》は、このように表現している。

「誰も読んでくれないかもしれない手紙を空瓶に入れて無人島から流すような生活が延々とつづく」

売れる前の佐野眞一が、「読売新聞」の中興の祖である正力松太郎《しょうりきまつたろう》の評伝『巨怪伝』を書いたときのこと。原稿用紙を買うお金にも窮した佐野が、新聞の折り込みチラシの裏にも文字を刻みながら、取材と執筆に九年をかけ小型の電話帳ぐらいの厚みのある本を書き上げた。

ストイックに書き続けるベストセラー作家

いい文章を書くには、自分の集中力がつづく時間を執筆にあてることが欠かせない。

自分自身の〝プライムタイム〟を、執筆のために確保することだ。

私の場合、高い集中力を継続できるのは朝起きてからの数時間。午前九時から午後一時ごろまでだ。朝七時に起きたら、朝食を食べ、朝刊を読みながらコーヒーを二杯飲んで、パソコンに向かう。散漫な気持ちでは、いい文章は書けない。朝から仕事がはかどれば、その余勢を駆って午後も書きつづけ、日が暮れるころに終了する。

アメリカのベストセラー作家のスティーブン・キングはこう書いている。

「私の日課はじつにわかりやすい。（中略）原則として、執筆は午前中ということになる。／いったんとりかかったら、よほどのことがないかぎり中断もしないし、ペースダウンもしない。毎日こつこつと書きつづっていないと、頭のなかで登場人物が艶を失い、薄っぺらになってしまう」

数えきれないほどのベストセラーを生み出してきた作家は、この午前中で、一日約二〇〇〇語を書く。日本語にすると四〇〇〇文字前後。このペースで書けば、三カ月で一冊の本の初稿ができあがる。日本語訳になると上下巻で一〇〇〇ページ近い本の初稿ができるのだから空恐ろしいスピードだ。

フィクションとノンフィクションの違いはあるが、キングが自分自身の小説作法を著した『書くことについて』は、ノンフィクションの書き手が読んでも十分に参考になる。これから船出する書き手に多くの示唆と、勇気を与えてくれる。

少し長くなるが、キングのベストセラー作家になるまでの苦闘と、そこから得られた作家業へのアドバイスを紹介したい。

キングはシングルマザーの母親に育てられ、小学生のころから物語を書くことに取り付かれていた。

二〇歳で商業誌デビューを果たす。日本語訳となった最初の作品は『地下室の悪夢』だ。舞台は、キングが高校時代にバイトで働いた繊維工場。主人公の男子大学生が、巨大なネズミの群れと格闘する筋立てだ。

この原稿が雑誌社に売れ、二〇〇ドルの小切手を手にしたときの気持ちを、キングはこう書いている。

「私は息を呑んだ。文字どおり息を呑んだ。これで私の懐《ふところ》はホカホカになった」

キングは大学で知り合った女性と卒業後に結婚する。

「私たちは図書館のアルバイトを通して知りあい、一九六九年秋の詩作のワークショップで恋に落ちた」。二人には労働者階級出身で、民主党支持者という共通点もあった。

しかし、大学卒業後、すぐに教師の働き口を見つけることはできず、洗濯屋で働き、糊口《ここう》をしのいだ。

あぁ、洗濯屋!!

私も、アメリカ留学時代に手持ちのお金が尽き、大学の近くにあった洗濯屋で働いたので、どんな職場なのかは想像がつく。

私が働いた九〇年代当時、労働者のほとんどが留学生だった。理由の一つは、単純作業なので英語が話せなくても問題がないからだが、本当の理由は、アメリカ人ならばだれもが、どれほどひどい職場かを知っているので近寄らないからだ。

実際、鷲《わし》のような鉤鼻《かぎばな》を持つ、アメリカ人の中年女性が現場監督で、常にアルバイトが怠けていないかと監視していた。職場は冬でも、三〇℃を超えるほど熱く、大型の洗濯機に巻き込まれないように注意を払っていないと大怪我をする恐れがあった。近くの病院から出されるシーツや手術着には、使用済みの注射針や血のついた手術具が交じっていることが何度もあった。AIDS《エイズ》が大騒ぎされていたころのこと。これまでいろいろな職場で働いたが、最もひどい職場だった。

キングは高校で英語の教師として働きはじめるが、最低時給に毛の生えたような給与だったため、トレイラーハウスに住み、車を修理するお金もなかった。夏休みには洗濯屋で働いた。日本では信じられないことだが、アメリカでは、授業がない夏休みや冬休みに教師へ給与が支払われることはない。

一言で言えば、キング一家は、アメリカ社会の最底辺で辛うじて生き延びていた。そうした困窮生活の中で、小説を書きつづけることは難しく、作家になる夢を諦めようかと思ったのもこの頃のこと。

そんなとき、高校のシャワールームで初潮を迎えパニックに陥った女子高校生の物語を思いつく。周りの生徒に囃《はや》し立てられた彼女が自分の身を守り、反撃の手段として使うのが念動能力《テレキネシス》だった。

だが、キングは最初の三ページを書いたところで、どうせ駄作にしかならないと思い、原稿をゴミ箱に捨て、学校に向かった。翌日、ゴミ箱から拾った原稿を読んだ妻がこう言った。

「この先が知りたいから、ぜひ書きつづけてほしい。この作品には何かがある。請けあってもいいわ」

こうして書き上げられたのが、『キャリー』だ。高校のスクールカーストの最下層にいる女子生徒を、卒業パーティーの女王にまで持ち上げておきながら、直後に奈落《ならく》の底へ突き落とす。キングの筆致の未練未酌のないこと。

その容赦ないホラー小説のハードカバーの版権が売れ、二五〇〇ドルを手にしたキング一家は、アパートへと引っ越した。

翌年、ペーパーバックの版権が四〇万ドルで売れた。

キング、二六歳のときだった。

これで高校教師を辞め、執筆に専念することができるようになる。その後、一年に一作、二作というハイペースで長編を出版し、一気に人気作家へと上り詰める。ベストセラーになった作品は数知れず、映画化された作品も枚挙にいとまがない。キングの二〇二二年の収入は約六五億円で、総資産は約八〇〇億円に上る。文字通り、筆一本でつかみ取ったアメリカンドリームだ。

私自身は、キングの作品の中でもホラー色が薄い『恐怖の四季』や『グリーン・マイル』、連作短編集の『アトランティスのこころ』などが好きだ。

キングは、やっとつかんだ作家の道であるからこそ、後進の書き手にはストイックに書きつづけるよう助言する。

「書くのは自分の部屋がいい。ほかのところでは、なかなか本腰を入れて書く気になれない」

「必要なのはただひとつ。外部をシャットアウトするためのドアだ。ドアを閉めるということは、これから仕事をするという、世界と自分自身に対する決意表明でもある」

「仕事場に電話はないほうがいい。暇つぶしのためのテレビやテレビゲームを置くなどは論外だ」

「週に一日は休んでもいい。だが、それ以上は駄目だ」

「骨身を削る努力をする気がないなら、上達は望めない」

「いい加減な気持ちで書くことだけは許されない。繰りかえす。いい加減な気持ちで原稿用紙に向かってはならない」

必ずしも、キングの言葉だけが金科玉条というわけではない。

キングも駄作も書けば、アルコールとドラッグ依存症に陥る辛酸も舐《な》めた。ただ、もしも、裸一貫からこれだけの地位と名声を手にしたキングの小説作法から学ぶものが一つも見つけられないとしたら、自分の書き手としての素地を問い直した方がいいかもしれない。

よい書き手とはよい読み手である

この章は、「いかに文章力をつけるか」というタイトルではあるが、お手軽にいい文章が書ける方法など存在しない。

それでも書ける人には、一つの共通項がある。

よい書き手とは、よい読み手であるという点だ。

もう一人のアメリカのベストセラー作家であるディーン・R・クーンツは、『ベストセラー小説の書き方』に、こう書く。

「読んで、読んで、読みまくり、書いて、書いて、書きまくる。このふたつがおそらく小説を書く方法について、他人が与えられる最高のアドバイスであろう」

また、キングもこう書いている。

「作家になりたいのなら、絶対にしなければならないことがふたつある。たくさん読み、たくさん書くことだ。私の知るかぎり、そのかわりになるものはないし、近道もない」

二人のアドバイスが同じであることは偶然ではない。読むことこそが、書くための土壌となるからだ。

書くための基礎体力を養うには、多くの文章、できれば名文をたくさん読むことだ。読むことなしに書くことはできない。数えきれないほどの本を読み、頭の中を文字で埋め尽くすことで、文章は生まれてくる。いい野菜を作るため、良質で十分な堆肥を土壌に入れるようなものだ。読書体験は一人ひとり違い、それを咀嚼《そしやく》し、消化する脳も異なるがゆえに、紡ぎ出される文章に同じものは一つとしてない。

しかし、書くことには、数学や物理のように、これさえ押さえておけば問題が解けるような公式や定理はない。日本語にも主語や述語といった文法はあるが、文法をどれだけ勉強しても、文章を書けるようにはならない。というより、日本語の文法の細部を知ることは、自由闊達に書くことを妨げることになる、とさえ思っている。

それでも、あえて即効薬に近い本を挙げるなら、私が役に立つと考える順番に、本多勝一著『日本語の作文技術』、大野晋《おおのすすむ》著『日本語練習帳』(「は」と「が」の使い分けについてはこの本に尽きる)、清水義範《しみずよしのり》著『大人のための文章教室』(パスティーシュの名手が語る「ですます調」が不遜に響く理由には大いにうなずける)、野口悠紀雄《のぐちゆきお》著『「超」文章法』――となる。

書き方の指南書は掃いて捨てるほどあるが、実践に役立つ本は一握りしかない。

読むことと書くことについて重要な点は、読書が執筆につながるには、途方もなく時間がかかることだ。

たとえば、森鷗外《もりおうがい》の『高瀬舟』や泉鏡花《いずみきょうか》の『高野聖《こうやひじり》』を読んだからといって、次の日から、鷗外や泉鏡花のような文章が書けるわけがない。夏目漱石《なつめそうせき》の全集を読破したとしても、漱石のようには書けない。

新聞で、一八歳のときにはじめて読んだ小説が『人間失格』であり、それに感銘を受け、太宰治《だざいおさむ》のような小説家を目指して本を読みはじめたという作家志望の男性の記事を読んだ。

その男性が最初に小説を書いてある賞に応募したのが二四年後のことで、〈太宰治賞〉を受賞して小説家の道を歩みはじめるのが、さらにその四年後の四六歳のことと知り、そうだろうな、と納得した。

それほど、読書が身となり骨となるのには時間がかかる。

私自身が夢中で本を読むようになるのは、小学校高学年からのこと。学校の図書館にあった、ルパンのシリーズを子ども向けに翻訳した全集を一気に読んだ。不敵でしゃれっ気のあるルパンに夢中になった。その後、ホームズにも手を出したが、陰気なホームズには、まったくはまらず、なぜだかそこから『平家《へいけ》物語』に転じた。

森村誠一《もりむらせいいち》の『人間の証明』を読んだのは、小学校六年のとき。テレビから毎日流れてきた「読んでから見るか、見てから読むか」というコマーシャルに洗脳され、私は角川文庫を読んだ後で、友達と映画を観に行った。この文庫本は今でも我が家の本棚にある。

小説に出てくる「母さん、僕のあの帽子、どうしたんでせうね？」ではじまる詩が収録された西條八十《さいじょうやそ》詩集も買った。この詩が英訳され、“Mama, Do you remember”という映画のテーマ曲になっている。

中学に入ると、芥川龍之介《あくたがわりゅうのすけ》や宮沢賢治《みやざわけんじ》、漱石などを読んだ。はまったのは井上靖。努力は必ずしも報われるわけではないが、それでも人は努力せずにはおられない、という積極的な諦観に惹《ひ》かれた。こうした人生観は、体格に恵まれなかった井上靖が学生時代に柔道に打ち込んだものの、思うような結果が残せなかったことが影響している、と文庫本の解説に書いてあった。中国を舞台にした『敦煌《とんこう》』や『天平《てんぴょう》の甍《いらか》』、『蒼《あお》き狼』などが大好きだった。

中学の社会の先生が、自分の歴史観が変わった本として授業中に熱く語った梅原猛《うめはらたけし》著『隠された十字架』も読んだ。

高校生になると、司馬遼太郎や吉川英治《よしかわえいじ》の歴史小説を読んだ。つかこうへいや井上《いのうえ》ひさしも読んだ。書店で配られていた出版各社の文庫の目録を眺めては、読みたい本にチェックを入れていった。

森村誠一が、戦時中、中国で人体実験を行いながら細菌兵器を開発した日本軍の七三一部隊の悪業について書いた『悪魔の飽食』を出版したのは、私が高校二年のとき。はじめて読んだノンフィクションだった。戦争という隠れ蓑《みの》を使うと、人はこんなにも卑怯になり、簡単に人の道を踏み外すことができるものか、と背筋が凍る思いがしたものだ。

二〇代で中国に旅行したとき、ハルビンにある七三一部隊の記念館を見に行ったのは、この本の影響だ。ハルビン駅からバスを三本乗り継いでようやくたどり着いた。廃校になった小学校のような古ぼけた木造二階建ての建物だったと記憶している。観覧者は私一人だけだった。

本を読むのが好きだった私は、大学では迷わず文学部に進んだ。専攻は英米文学。そこで文学以上におもしろいと思ったのがノンフィクション。先に書いた通り、大学に入ると、本腰を入れてノンフィクションの作品を読みはじめる。筑紫哲也や近藤紘一、本多勝一や鎌田慧、立花隆などの本を読んだ。もちろん、専攻した英米文学も読んだ。シェークスピアからエミリー・ブロンテ、ヘンリー・デイヴィッド・ソローやヘミングウェイ、スタインベックなどなど。『怒りの葡萄《ぶどう》』を読んだときは、こんなに重厚で、緻密《ちみつ》な物語が書けるんだと度肝を抜かれた。

朗読CDを入眠時に使う

読書の目的の一つは、語彙《ごい》を増やすことだ。

私が読んだ竹中労《たけなかろう》著『決定版　ルポライター事始』という文庫本には、本屋でかけてもらったブックカバーが挟まって残っている。竹中労とは、六〇年代から七〇年代にかけて雑誌の記事を書いたルポライターで、巻頭記事の執筆を依頼されることから〝トップ屋〟と呼ばれた。

当時の私は、ブックカバーに約六〇個の言葉を書き残している。「呂律《りょりつ》」、「狂疾」、「流連」、「揺動」、「黙劇《ミーム》」――など。読み終わったあとに、辞書を引くためだ。この本だけではない。本や新聞を読むとき、私は知らない言葉を探し、辞書を引きながら読み返し、吸収している。

辞書を引かなくとも、ほとんどの言葉の意味は文脈から推測できる。映画や芝居の話で「黙劇」とあれば、フランス語でミームとルビが振ってあっても、あぁ、パントマイムのことだろうな、と。

電子辞書が発売される以前は、辞書を引きながら本を読んではスピードが落ちるので、ブックカバーに字句とページ数を書き出し、最後にまとめて辞書を引いていた。

辞書を引くのは、意味を理解するためではない。その言葉を自分の語彙として取り入れ、使いこなすためだ。いつの日か、パントマイムについて書くときがきたら、黙劇という言葉があることを思い出すための下準備だ。

自分の知らない言葉に出会う機会は一期一会だ。黙劇だって、この本を読んで以来、三〇年以上たつが、その間、再び出会うことも、使うこともなかった。語彙を集めることは、賽《さい》の河原の石積みにも似ている。

語彙を増やすには、いつも辞書を手元に置いておく必要がある。知っていると思っていても誤用する言葉は少なくない。書き手にとって、辞書とは、闇夜の道路を照らす車のヘッドライトであり、荒海を航海する船のコンパスであり、見知らぬ街を運転するときのカーナビなのだ。辞書なしに文章を書くことは、レシピなしに料理を作るようなもので、はじめから失敗することが決まっている。

辞書のいいところは、どれだけ使っても、追加料金がかからない点だ。使えば使うほどお得なのだ。私の手元にあるのは、四代目となるカシオの電子辞書で、国語に関する辞書だけでも一七種類が入っている。

書き手が一〇人いれば、一〇通りの読書体験がある。

〝知の巨人〟と呼ばれた立花隆は、小学校三年で漱石を読み、六年になるとチャールズ・デイケンズに熱中したという。高校に入ると、トルストイ、ドストエフスキー、スタンダール、モーパッサンなどを読み漁《あさ》ったというのだから、とてもかなわない。

佐野眞一は、高校のころに『世界ノンフィクション全集』（筑摩書房）を読んだことがノンフィクションの道に進む決め手となった、と語っている。全集には、『福翁自伝《ふくおうじでん》』や、ロバート・キャパの『ちょっとピンぼけ』、エドガー・スノーの『中国の赤い星』などが入っていたというのだから、佐野もまた早熟な読み手であった。

私の読書体験の中で、特異な点があるとすれば、朗読のCDが挙げられる。頑固な不眠に悩まされる私が、二〇代のころ入眠儀式としてたどり着いたのが、朗読のCDを聞くことだった。聞いているうちに、だんだんと眠たくなる。

最初にはまったのが、中島敦《なかじまあつし》の『山月記』と『名人伝』、『牛人《ぎゅうじん》』の三篇が入ったCD。これを文字通り、擦り切れるほど聞いて、二枚目を買った。

それ以降、集めたCDは一〇〇枚近く。漱石や芥川、川端康成《かわばたやすなり》、太宰治、永井荷風《ながいかふう》、坂口安吾《さかぐちあんご》——など、日本史の教科書に太字で出てくる小説家はほとんど網羅している。

入眠のときだけでなく、中途覚醒《かくせい》後に、再び眠りに落ちるためにも聞く。CDを聞きながら眠る儀式は三〇年以上続いているので、文豪たちの名文が、脳に音韻として刻印されている。

文字で読むと敷居が高くても、耳で聞くとわかりやすい文章もある。樋口一葉《ひぐちいちよう》の『たけくらべ』と『にごりえ』がその代表例。朗読を何度も聞いていると、物語がくっきりと立ち上がってくる。そのリズムの素晴らしいこと。一葉が二四歳という若さで結核のため夭折《ようせつ》したことは、日本文学にとって大きな損失だったことがわかる。

ノンフィクションの書き手は、名文家である必要はない、それよりも取材力の方が大切だ、という主張もある。

取材力が大事なのはもちろんだが、文章力も同じぐらい重要だと私は考える。どんなに取材力があったとしても、それを伝える手段は文章だ。ならば、文章力を磨く努力を惜しんではいけない。

新聞を読むのは大前提

潜入ルポを含むノンフィクションの世界で活躍しようと思えば、通常の読書だけでは不十分だ。毎日、新聞を読むことも必要となる。

新聞を読むことは書くための基礎体力作りというより、素材収集が目的だ。週刊誌や月刊誌、その先にある本も、新聞を読んでいることが前提となっている。

あとから記事を検索して探し出すこともできる。しかし、検索するには、頭に大まかなインデックスができていることが前提となる。そのためには、毎日読む習慣をつけることだ。

現役時代のイチローが練習前に一時間近くをかけて行ったストレッチのようなものだ。めんどくさいからといってストレッチをすっ飛ばして練習をはじめても、いい成績は残せない。

一つ一つの新聞記事の情報は、断片的で不完全なものだ。だが、読み続けることで、パズルのピースのように収まって、何枚もの絵が見えてくる。

たとえば、ハマスとイスラエルの戦争の核心部分はどこにあるのか。自民党内の権力闘争の力関係はどうなっているのか。〝産業のコメ〟といわれる半導体業界の最新の動向はどうなっているのか。

肝心なのは、「どうしてだろう」や「なんだかおかしいな」という疑問を持って読み続けることだ。その疑問が、磁力となって必要な情報を引き寄せる。

たとえば、二〇二三年の猛暑は偶然の産物だったのか、それとも地球温暖化の結果だったのかが、私にはわからなかった。

「毎日新聞」に載った東京大学の先生のインタビューを読むと、六〇年に一度起こるような気象上の偶然が重なったことが一つの要因。もう一つは地球温暖化による影響。六〇年に一度という偶然が重なっても、温暖化の要素がなければ、酷暑となる可能性は「〇％」だったという。つまり、猛暑は偶然と温暖化が重なり合った結果だったことがわかった。

ニュースにおける疑問の別の例を挙げるなら、二〇二三年五月に起こった、ドローンによるクレムリンへの爆破攻撃がある。

満月のような月を背景に、ドローンがロシア国旗を掲げるクレムリンの頂上部分で爆発した映像は衝撃的だった。だれが、何の目的で、とみんなが疑問を持ったはずだ。

私ははじめ、ロシアによる自作自演だろうと思った。打ち上げ花火のような貧弱な爆破は、あり得ない。本気でクレムリンを攻撃するのなら、建物が崩壊するぐらいの爆薬が必要だろう。加えて、ロシア政治の心臓部までウクライナのドローンがやすやすと到達できるわけがない、とも考えた。日本でたとえるなら、北朝鮮がドローンで国会議事堂を攻撃するようなもので、とても現実味があるとは思えなかった。

ロシアがウクライナからの攻撃をでっちあげることで、国際世論を味方につけ、自分たちの侵略を正当化したいのだろう。日中戦争に突入する契機となった盧溝橋《ろこうきょう》事件のようなもので、関東軍《かんとうぐん》が中国からの攻撃を偽装することで、中国との開戦を正当化していったように。

歴史は繰り返すのだ、と。

「朝日新聞」は当初、「クレムリン攻撃、誰が　ウクライナ実行?　ロシア自作自演?」と、両論を伝えた。

しかし真相は藪《やぶ》の中だ。ウクライナの義勇軍による攻撃説や、ロシア国内の反体制派の加担説まで入り乱れ、いまだ決定打となる情報が出てこない。大事なことは、読み手が、だれによる攻撃だったのかという疑問を持ちつづけることだ。問題意識が、正しい情報の吸引力となる。

似たようなニュースに、二三年一〇月に起こったガザ地区の病院の爆破事件がある。

これによってハマス対イスラエルの戦争の潮目が変わった。ハマスの先制攻撃で始まった戦争だったが、病院の爆破で約五〇〇人の民間人が死亡したことで、イスラエルへの非難が高まった。イスラエルの攻撃だったのか、それともイスラエルへの反感を生み出すためのハマスの自作自演だったのか。

「戦争の最初の犠牲者は真実だ」という言葉がある。戦時中は、愛国心のため、現実を見る目が曇り、なにが真実かを冷静に判断することが難しくなる心理が働くことを指す。だが、真実の門番《ゲートキーパー》であるジャーナリストは、混沌《こんとん》とした状況でも真実を救い出すために目を光らせておく必要がある。

紙の新聞を取るとき、同じ新聞のネット版もあわせて購読することを強く勧める。両方を購読しておけば、新聞記事をスクラップする手間が省ける。読んだ新聞をどんどん捨てていっても、ネット版で検索して必要な記事を探し出せるからだ。

それなら、ネット版だけ購読すればいいじゃないか、と考える向きもあるだろう。しかし、新聞はネット版より紙の方が断然読みやすい。

新聞から効率よく情報を吸収していく最善の方法は、新聞を読まないことだ。朝刊にはだいたい二〇万文字が詰まっている。これは新書二冊分。たとえば新聞三紙を、一文字ずつ追って読んでいけば一日あっても足りない。

新聞の利点は、重要なトップ記事からベタ記事まで、見出しの大きさによって一目で分かるようになっていることだ。見出しとリード、それに図表だけを拾い読みしていけば、一紙を読むのに一〇分で済む。

もちろん、拾い読みで意味を成すには、記事のおおよそのバックグラウンドが頭に入っていることが前提になる。よって、少なくとも一年間は、新聞を読み通すことが必要だ。すると、見出しとリードだけで、最新の情報がアップデートできるようになる。

ネット版となると、すべての文字が並列にならんでいるので、読みづらい。どれが重要なニュースなのかという優先順位が分からない。ただ、先述したようにネット版の優れている点は、検索して記事を探せることと、紙を保存する必要がないことだ。

新聞を使った情報収集について、さらに詳しく知りたければ、池上彰《いけがみあきら》と佐藤優《さとうまさる》の対談集『僕らが毎日やっている最強の読み方』を手に取ってほしい。二人とも、当代きっての〝ニュースジャンキー〟だ。

毎日一〇紙以上の新聞を、池上は一時間二〇分で読み、佐藤はストップウォッチを使って二時間以内で読むようにしているという。

新聞のほかに週刊誌や月刊誌、ネットのニュースサイトにも目を通すという二人は、どうやって読むかというノウハウだけでなく、ネットを使った記事の保管方法まで教えてくれる。

「新聞が『世の中を知る』ための基本かつ最良のツールであることは、今も昔も変わりません」（池上）

「見出しを見て、読むかどうか迷った記事は読まない」（佐藤）

「俯瞰して見ることのできる『一覧性』こそ新聞のよさで、だからこそ速く読める」（池上）

「『見出しだけで済ませる記事』『リードまで読む記事』『最後の本文まで読む記事』の3段階に分けて読む」（佐藤）

長年にわたり新聞から貪欲《どんよく》に情報を吸収してきた二人の言葉が胸に響く。

この二人から学び取れる教訓は、ニュースを吸収するのに時間をかけるのと同時に、お金もかける必要があるということだ。新聞一〇紙を取るだけで月四万円前後の出費。年間なら五〇万円近くとなる。この自腹を切って情報を取りに行く姿勢はぜひとも学んでほしい。

ネットに流れる無料のニュースだけをつまみ食いして、ジャーナリズムの世界で生きていこうとするのなら、この世界に足を踏み入れるのはやめておくことだ。

これからあなたが書く潜入記が一冊の本となり、印税が入ってくるには、本を買ってくれる読者がいてはじめて成り立つ。そのあなた自身が、ニュースの対価を支払えないというのなら、この世界で生きていくことは自家撞着《どうちゃく》以外の何物でもない。

私が知り合いの本を買うときは、できるだけ電子版を買う。電子版は通常三カ月ごとに著者に印税が支払われ、印税率も二五％前後と、紙の一〇％に比べ高くなるからだ。一冊二〇〇〇円の本なら、印税は五〇〇円強と微々たるものだが、わずかばかりでも書き手を応援できれば、という気持ちからだ。

年表を作る効用

本を書くうえで、私が大切にしているのは対象企業や業界の年表を作ることだ。大切なのは時系列の流れだ。さまざまな出来事を時間軸に沿って並べてみると、企業の歴史がみえてくる。私が書いた本の多くには年表が載っている。

書き手が、時間軸に沿って事実をしっかりとつかんでおくことは、読みやすい物語が生まれる土台となる。歴史には流れがあって、意味が生まれてくる。

たとえば、日本が一九四五年八月に敗戦を受け入れた経緯を考えるときでも、細部がモノを言う。

アメリカが広島に原爆を落としたのが、一九四五年八月六日。

ソ連が対日参戦を決めたのが八日。

アメリカが二発目の原爆を長崎に落としたのが九日。

日本が敗戦を受け入れたのが一五日。

このことから、何が読み取れるのか。

すでに虫の息だった日本に対し、広島への原爆投下は致命傷となった。しかし、とどめを刺したのは、ソ連の対日参戦。日本帝国が最も恐れたのは、社会主義国のソ連が日本を占領することで、天皇制が消滅することだった。長崎への二発目の原爆は、アメリカが戦後日本をどう統治するかという交渉で、ソ連に優位に立つために放ったと考えることができる。

最初に年表を掲載したのは、『潜入ルポ　アマゾン・ドット・コムの光と影』だった。きっかけとなったのは、アマゾンの雑誌記事を集めて並べてみたときに抱いた違和感だ。

記事の見出しは、こうだ。

「復活！　ドットコム企業　アマゾン・ドット・コム原点復帰で書籍に集中」

「アマゾン帝国は四面楚歌《そか》」

「新アメリカンドリームの体現者たち　アマゾン・ドット・コム一年で株価が一挙に九倍」

「危機説はでたらめだ　ベゾスに資金繰りが悪化という指摘への反論と事業プランを聞く」

「アマゾン、超強気の怪」

「ネットベンチャー惨状　ネット寵児《ちょうじ》の転落は早い　打開できないアマゾン、ヤフーの苦境」

たかだか四、五年の記事だが、「復活！」から「アメリカンドリーム」、「四面楚歌」までその起伏が激しすぎて理解が追いつかなかった。同じ企業を書いた記事とは思えないほどの落差があった。

そこでこの記事を時系列に並べていくと、最初に株価高で注目されてから、株価が暴落して倒産寸前にまで追い込まれる。その後、業績が回復していくと、アマゾンが再度評価されたことがわかる。

本では、この初期の激変の時代を、株価のチャートとそれに重要な出来事を書き足すことで表した。

巻末には、五ページの日米ネット書店の年表をつけた。これは、読者にとって役立つだけでなく、書き手である私が、日本の出版業界におけるアマゾンの立ち位置を頭に叩き込むのに有益だった。

その年表を改めて見返して分かるのは、先に触れた二〇〇一年に倒産の危機に直面し、〇二年に初の営業黒字を計上し、経営を軌道に乗せた時期の重要性だ。

今となっては信じられないが、当時、アマゾンの倒産はかなりの確率で起こり得た。実際、〇一年の時点で倒産していれば、日本のみならず世界の小売業界の勢力図が、今とは様変わりしていたはずだ。本では、どうやってアマゾンが倒産の危機を乗り切ったのかを詳細に書いた。

どんな有名企業であっても順風満帆ばかりということはない。

ユニクロを擁するファーストリテイリングも九〇年代前半、手元資金が底を突きかけて倒産の危機に瀕《ひん》する。

柳井は自著で「（その当時）ずっとつづいていた問題は、銀行からの借り入れがなかなかうまく進まなかったことだ。資金ショートを起こしてしまうのではないかと思った時もある。ちょっとでも資金繰りがずれたりすると（倒産するという）危険な状態になった」と書いている。

書き手が企業の歴史を知悉《ちしつ》することは、物語に深みを持たせる。企業の栄枯盛衰を知ったうえで書くことで、物語にメリハリが生まれる。

構成と時系列

潜入ルポではないが、『評伝　ナンシー関《せき》』にも年表を載せた。

ナンシー関の人生の大きな転機となるのが一九九三年。一月に「週刊朝日」でテレビ評の連載を開始し、一〇月に「週刊文春」でもテレビ評の連載をスタートする。三〇歳の時のことだ。これ以降、週刊誌二誌の連載に縛られる多忙な生活がはじまる。過度なストレスや運動不足などが重なり、二〇〇二年に三九歳で急逝する。

時系列による理解は重要だが、それに沿ってノンフィクションを書き進めるべきかどうかは、意見がわかれる。アメリカの評伝作家は時系列に忠実に書くことが多い。『スティーブ・ジョブズ』や『イーロン・マスク』を書いたウォルター・アイザックソンはその典型で、二人の異才のビジネスマンを、その子ども時代から書き起こしている。

しかし、私の場合、劇的な場面を冒頭に持っていきたいという衝動に駆られる。

『評伝　ナンシー関』では、ナンシーが亡くなる直前、病院に救急搬送された場面から書きだした。

「二〇〇二年六月一一日の深夜。

徳間書店の元編集者だった関智《さとる》(54)が新宿で友人とビリヤードをしているとき、携帯電話に見知らぬ電話番号からの着信があった。

電話に出た関の耳に、冷たく響く声が滑り込んできた。

『関直美（引用者注・ナンシーの本名）さんが、意識を失《な》くして救急車で駒沢の東京医療センターに運ばれましたが、ご親族の方でしょうか』」

その後に、病院に集まってくる仲間がナンシーの最期の瞬間に立ち会う場面をつづけた。下敷きにしたのは、芥川龍之介が松尾《まつお》芭蕉《ばしょう》の臨終を描いた『枯野抄』だ。

『「トランプ信者」潜入一年』でも、トランプの敗北を信じられないトランプ信者たちが、連邦議事堂を襲う場面をプロローグにした。

「私が連邦議事堂に到着したのは、午後3時過ぎのこと。

防弾チョッキを着た私の目の前で、連邦議事堂を守ろうとする警官と、暴徒と化した〝トランプ信者〟が、文字通り火花を散らしてぶつかりあっている。

私は、議事堂西側の2階にある、就任式で新大統領が出てくる門の前に陣取り、取材していた」

注目を惹く冒頭からはじめる理由は、先に挙げたディーン・R・クーンツが、オープニングシーンにはアクションを持ってくるようにと説いているからだ。さらに、「ワシントン・ポスト」紙のボブ・ウッドワードが書いた一連のトランプ物のノンフィクションでも、ウッドワードが疑問視するトランプの行動の具体的な場面から物語をはじめている。それらに倣った。

時間軸を意図的に動かして書いてもいいが、書き手の頭の中には、出来事がきっちり時間順に並んでいることが不可欠だ。この時間軸が曖昧なまま書くと、文章全体が不安定になり、読みづらい本ができあがる。

ノンフィクションを書くとき、時系列にどこまで忠実に書くべきかという実例を示す興味深い本がある。

『魔術師　三原脩《みはらおさむ》と西鉄ライオンズ』（文藝春秋）と『魔術師　決定版　三原脩と西鉄ライオンズ』（小学館）だ。どちらもノンフィクション作家の立石泰則《たていしやすのり》が書いた本だ。

時系列に沿って書きたかった立石の主張が通らず、編集者の意向で順番が入れ替わったのが文藝春秋版。その出版の経緯に納得しなかった立石が、文春を裁判で訴えて勝ち、その後、時系列に沿って書き直したのが小学館版。

書き手が自著をめぐって出版社を訴えるという珍しい裁判ではあるが、それ以上に、どちらの方が読みやすいのか、読者の興味を惹くのか、という視点で二冊を読み比べると得られるものは少なくない。

ワード読み上げ機能を使い推敲する

読者の目線で、自分の書いたものを推敲《すいこう》せよ、ということが文章読本などで推奨される。おそらく私だけがやっている、特殊な校正術を紹介しよう。

私には学習障害がある。〈ディスレクシア＝識字障害〉といって、目から入ってきた文字の情報が、うまく脳に伝わらないため、読むことが難しくなる。

最初に気づいたのは、息子が生まれて育児雑誌を読んで、ディスレクシアのことをはじめて知ったとき。「これって私のことじゃん」と思った。二十数年前のことだ。

ディスレクシアは、文字が重なって見えたり、鏡文字で見えたりするのはまだ軽症で、重症となると文字全体がグニャグニャに曲がって見えたりするため、試験を受けたり、契約書を読むことさえ難しくなる。有名人では、坂本龍馬《さかもとりょうま》やトム・クルーズ、トーマス・エジソンやレオナルド・ダヴィンチなどがこの学習障害を持つといわれている。

軽症の私の場合、平仮名や片仮名の識別が難しい。

たとえば、妻が公園でカラスが雀の大群を狙っている様子を目撃して送ってきたメールの文章がある。

「(雀の)一羽がカラスの餌食《えじき》になってびっくりした」と書いてきた。

しかし、これが私の目には、こう見えた。

「一羽のカラスが餌食になってびっくりした」

「の」と「が」の位置が勝手に入れ替わるのだ。すると、雀の大群がカラスに襲いかかり、喰《く》い散らしている文章に早変わりする。

別の例を挙げれば、重松清《しげまつきよし》の小説を読んでいるとき、次のような一文を読んだ。

「本多さんはほっとした様子で息をついて、話をつづけた」

だが、これが私には、次のように見えた。

「本多さんははっとした様子で息をついて、話をつづけた」

「ほっとした」と「はっとした」では、一文字違いだが意味が全然異なる。

どうして「はっとした」のだろうと思って先を読み進めるが、話の流れが不自然だと気づく。さかのぼってようやく、「はっと」と「ほっと」の間違いに気づく。

息子が小学生のころに壁に貼っていた「よていこんだて」が、毎日目にしていても「よいこんだて」に見えた。

「良い献立？」ということは、「悪い献立」もあり得るのか、あれ、おかしいぞ、そうか予定献立か、という思考を毎日繰り返す。信じられないだろうが本当の話だ。これが「予定献立」と漢字で書いてあれば問題なく読めるのだが、平仮名だと何度読んでも、読み違える。

読み間違いは誰にだってある、という声もあるだろう。ところが、私の場合、平仮名のミスなしにＡ４一枚分の文章を書くことができない。間違いがあるはずだ、と目を皿のようにして何度読み返しても、間違いが見つかることはない。自分で書いた文章だと、頭の中にある正しい文章に〝変換〟して読んでしまうのでなおさら見つからない。

小学校低学年のときは、本が読めなかった。学級文庫にあった『エルマーのぼうけん』シリーズを、何度読もうとしても読めなかったことを覚えている。平仮名ばかりで書いてあったからだ。息子と一緒に絵本を読んでいるとき、間違えずに読もうとすると、薄《う》っすらと冷や汗がにじんできたのを覚えている。

ならば、どうやって本の原稿を書いているのか。ワードで書いた文章を、校閲のタブにある音声読み上げ機能を使って読み上げさせ、耳で校正している。

以前は、東芝のパソコンに無料の読み上げソフトが入っていたので、そのソフトを目当てに東芝のパソコンを買い続けていたが、いつのころからか、そのソフトがなくなった。今ではワードの読み上げ機能を使っている。

その読み上げソフトに出会う前に書いたのが、『アメリカ「対日感情」紀行』。このときは、まだ自分がディスレクシアだという認識がなかった。この本の制作過程にはプロの校正者が入らなかったため、平仮名の間違いが多く残っている。当時、読み上げソフトを使っていたら、という後悔が残る一冊だ。

目では見分けがつかない平仮名も、耳でならキャッチできる。毎晩寝る前に、名文のCDを聞いて鍛えているだけあってか、耳の感度は高い。

たとえば、この一章ぐらい、約二万字の文章なら二、三日かけて五、六回聞く。一回目が最も時間がかかる。送り仮名や〈てにをは〉に気を付けて、間違いを一つずつ修正していく。

二回目以降は、辞書や用事用語辞典を片手に、正確さを期す。余裕が出てくると類語辞典を引いて、よりふさわしい言葉を探す。さらに無駄な言葉を省いて、文章を引き締める。五、六回目となると、文章全体を考えながら、順番を入れ替えたり、削ったり、足したりを繰り返す。

読み上げソフトを使う前の原稿と、校正した後の原稿には、雲泥の差がある。自己採点するなら、五〇点と九〇点ほどの差がでる。コメを磨き上げることで雑味のない日本酒を作るようなものだ。コメをどれだけ削るかで、本醸造酒から吟醸酒、大吟醸酒に変わっていくように。

校正を繰り返すたび、原稿がよくなるのがプロだ。

どう書き換えれば、よりよい文章になるのか。それには先に挙げた読書を下地とした基礎体力が力を発揮する。常に日本語の語感を磨いている必要があるのはそのためだ。

読み上げソフトを使って校正するのは、時間のかかるプロセスだ。私の場合、必要に迫られてやっているのだが、文章の練度や精度が、高まることはたしかだ。同じ内容なら、ほとんど表記にミスがなく、流れるような文章の方が説得力が増す。お歳暮にもらう新巻き鮭が同じであっても、スーパーより百貨店の包装紙に包まれている方がありがたみが増すように。一度、試してみることをお勧めする。

引用を楽にするデータベースを作る

ノンフィクションを書くには、本や資料、ネットからの引用が欠かせない。引用するためにさまざまな基本文献を読むのだが、その全文を頭に入れたうえで、必要な文章を自由に探し出せるのなら苦労はない。

立花隆の場合、読んだ本のおおよそは記憶に残り、引用箇所を探す際にも苦労しなかったという。インタビューでこういう箇所がある。

「――立花さんは、傍線を引いたところは全部覚えてしまうという伝説がありました。

立花　どうかな、それは（笑）。若い頃はどの本の何ページあたりに何があるというのは結構覚えてたけど」

凡人が真似できることではないが、立花隆のような才人が先達として存在したことはジャーナリズムの業界にとっては幸運だった。

『田中角栄研究全記録』や『日本共産党の研究』に代表される政治分野から、『脳死』や『宇宙からの帰還』のような科学分野、『臨死体験』のようなオカルトまで、自らの興味の赴くまま、どんなテーマでも自家薬籠中《やくろうちゅう》の物とした。

「脳だって宇宙だってオウム（引用者注・真理教）だって、とにかく不思議でしょう。なんでこんなことになるのか、謎が多すぎるんだよね。謎が多いものが、僕には一番面白い」

そう、立花は語っている。

私が本の引用のカベに最初に直面したのが、『潜入ルポ　アマゾン・ドット・コムの光と影』を書いたとき。

参考資料が少なかった当時、アマゾンに関して最も詳しい本がロバート・スペクター著『アマゾン・ドット・コム』だった。この本には、巻末に目次がついていたので、あとで必要な箇所を目次から簡単に探し出せるだろうと思って、本を読み終えた。しかし、目次と私が引用したい箇所は、ほとんど一致しなかった。仕方なく、もう一度本を読み直し、引用したい箇所とページを抜き書きしたA５サイズのノートを作り目次として使った。

『ユニクロ帝国の光と影』を書いたとき、最も重要な参考文献は、柳井正著『一勝九敗』だった。このときは、文庫本サイズのA６というノートを買い、二〇ページ超の目次を作り、文庫本に貼りつけ一冊で完結するようにした。見返しや扉ページ、既刊書紹介ページから裏表紙まで、目次代わりのノートが貼りつけてある。事情を知らない人が見ると異様な感じがする。

だが、この作業だけで二、三日かかっている。万が一失くすと痛手となるので、表紙のタイトルの下には、本の所有者として、私の名前、住所、電話番号を書き込んで、もし拾ったら連絡をくれるようにとの一文をつけた。

先述した、ユニクロ倒産の危機に直面した事情は、文庫版のこの本の六八ページに書いてあることが目次からわかる。そこには、次のような柳井の言葉がある。

「薄氷を踏む思いという、文字通りの状態だった」

ユニクロ帝国の次に書いた『評伝　ナンシー関』では、五〇冊以上となるナンシーの全著作を〝自炊〟した。OCR（光学文字認識）機能を使って、全著作をスキャンして検索可能な一つのPDFにまとめた。これにより、合計で一万ページ以上がPDF上での合本となった。

このおかげで、評伝を書くのが非常に楽になった。

ナンシーの一生を振り返るうえで重要なキーワードがいくつかある。師匠筋に当たる作家のいとうせいこう、趣味のカラオケ、大好きだったプロレス――など。それらについて、ナンシーが何を書いたのかを知りたければ、PDFで検索するだけで、すべての記述が出てくる。一万ページを超す本をめくって調べる必要が一切なくなった。画期的なことだ。

このPDFがなければ、執筆の時間が大幅に延びていたか、あるいは、同じ時間で書き上げようとすれば、穴の多い内容となっていただろう。

出版の前宣伝で「週刊朝日」に四回にわたって連載したとき、編集部から、本の抜粋を連載するのではなく、雑誌用にオリジナル記事を書いてくれという要望があった。本の校正作業と並行してスケジュールがタイトだったそのときも、検索機能のおかげで乗り切ることができた。

ナンシー関が高校時代から熱狂したビートたけしや、小学生のときからのファンであった郷《ごう》ひろみについて、検索結果から雑誌記事を書いた。ビートたけしで検索すると三五四回ヒットし、郷ひろみを検索すると四六八回ヒットする。ビートたけしは、「若き日の感性を育んだ〝神〟の存在」として、郷ひろみは、「『失望』から『笑い』に変わったひろみ像」という見出しで雑誌に掲載された。

このPDFの難点は、データが多すぎるため重たいので、動きが悪いこと。それも、今の技術をもってすれば改善できるのだろうか。もしも、多くの書籍を簡便に検索したいならば、PDFは試してみる価値はある。

初稿の段階が勝負の分かれ目

ほとんどの書籍が電子版で購入できるようになると、検索は一層簡単になった。キーワードだけを頭に残して読んでいき、あとで引用したい箇所を電子書籍から検索していけばいいのだから。

検索結果を引用しながら原稿を書くときは、欄外にオリジナルの出典を明記するといい。やり方は簡単。ワードなら、挿入というタブをクリックして、引用箇所を選択した上で、コメントをクリックすると、右の欄外にコメント欄が現れる。そこに、書名と引用ページを書き込む。ネットからの引用なら、URLを貼りつける。だれが見ても、出典が一目で分かるようにしておくことだ。

自分で校正するとき、コメント欄にある引用ページやURLを開いて、引用や事実関係をチェックするのに使う。また、本のゲラができてプロの校閲の担当者が読むときも、引用を参照することで多くの時間を省くことができ、間違いの少ない内容に仕上がる。誤謬《ごびゅう》の少ない文章を出版できるかどうかは、書き手がどこまで初稿の完成度を高めるかにかかっている。

あとで誰かがミスを見つけて拾ってくれるだろうという甘い気持ちでいると、痛い目に遭う。他の人がミスを拾ってくれる場合もあれば、見落とす場合だってあるのだから。ノンフィクションでは、誤りを最小限に抑えることが本の信用にもつながってくる。単純なミスが続出するようでは、本の内容全体に疑問符がつく。本を作る際は、さまざまな過程を経て、ミスや間違いが取り除かれるような仕組みになっているが、実は、書き手が編集者に送る初稿の段階が勝負の分かれ目なのだ。

あとがき――潜入ルポはブルーオーシャン

ジャーナリズムにとって冬の時代がつづく。厳冬期といってもいいかもしれない。多くのジャーナリストたちは、寒風吹きすさぶなか、凍死しないよう、どうにか生き延びている。

理由は、九〇年代からつづく出版業界の市場規模の縮小傾向だ。なかでも一番落ち込み幅が大きいのが雑誌で、ピーク時と比べると七割以上減少した。

どうして、雑誌の落ち込みがジャーナリストたちを苦しめるのかといえば、ジャーナリストにとって、雑誌こそが最初の活躍の場所となるからだ。雑誌に記事を掲載し、できれば連載し、それを足掛かりに本を書いていく。以前の雑誌には、潤沢な予算があり、ジャーナリストがそれを取材費として使い、手間と時間がかかる取材をすることができた。

しかし、出版業界が左前になると休刊する雑誌が相次いだ。主な雑誌名だけを挙げても、「現代」「G2」「新潮45」「論座」「週刊朝日」「諸君!」「SAPIO」「月刊PLAYBOY」……。そうした雑誌が消えていくことは、大袈裟《おおげさ》ではなく涙無くして語ることはできない。フリーランスのジャーナリストが活躍する場所が、一つ、また一つと消えていくのだから。

雑誌とは、ジャーナリズムの孵卵器《インキュベーター》であり、強力な支援者《スポンサー》なのだ。

紙媒体に代わってネット媒体が増え、作品を発表する機会はかえって増えたのではないかという声もあるだろう。けれども、ネット媒体の原稿料はおおむね安く、取材費までをカバーできる媒体はほとんど存在しないのが現状だ。

出版業界が縮小する今こそ、潜入取材というニッチな方法が見直される時期ではないか。なぜなら、この潜入取材、ほとんど競争相手がいないからだ。新聞やテレビなどは、コンプライアンスを気にしてか、潜入ルポの分野に参入してくる気配はまったくない。

「読売新聞」の元記者で、ノンフィクション作家の清武英利《きよたけひでとし》は二〇〇一年、同社の中部本社の社会部長に就いた。トヨタの労働者と、その中心にある豊田家を描きたいと強く思った清武は、その手法の一つとしてトヨタへの潜入取材を考える。もちろん、教科書となったのは鎌田慧の『自動車絶望工場』だった。

しかし、それを諦めた理由をこう書いている。

「潜入取材については、急速に法令順守の強化を図る新聞社では、もはや許されない時代になっていた」

二〇年以上も前にダメだったというのだから、いまさら潜入取材に手を出す新聞社やテレビ局はないと考えていい。

経営学の用語でいうのなら、手つかずの〝ブルーオーシャン〟が、目の前に広がっているのだ。チャンス到来だ。

本文にも書いたが、もし日本がイギリスのような潜入取材大国であり、NHKや「読売新聞」などが日常的に潜入取材をやっているのなら、フリーランスのジャーナリストが太刀打ちするすべはない。

ところが、日本の企業ジャーナリズムは、潜入物に手を出そうとしない。加えて、潜入取材を主戦場としているジャーナリストもほとんどいない。ということは、潜入取材というだけで、ほかとの差異化が図れるのだ。しかも、働くことで日銭も入る。駆け出しのジャーナリストには、この手法を取らない理由が見つからない。

ジャーナリズム冬の時代こそ、潜入取材を復活させるチャンスなのだ。

もう一度、『自動車絶望工場』の解説を書いた本多勝一の言葉を挙げておこう。

「ルポやノンフィクションの隆盛を反映してか、そのライターを志望する若者もふえているようです。しかしこれは決して甘い職業ではありません。安易なPRルポならともかく、妥協のない内容とするためには、経済的・精神的独立が何よりの前提です。とくにフリーの人にとってこれは厳しいものになりますが、そんなとき私がよく若い人にいうのは『鎌田慧方式』であります。取材を生活そのものとする方法。これは『体験取材』のみならず、何ものにも拘束されぬための経済的手段としても支えとなるでしょう」

この分野でほとんどライバルがいなかったため、私は、潜入ルポの分野でキャリアを積み上げることができた。その過程で体得した潜入取材に関するノウハウは、すべてこの本に書き記した。

あとは実践あるのみである。この本が、日本に一人でも多くの潜入記者が誕生するきっかけになることを、祈っている。

私が企業に潜入してみてきたものは、失われた三〇年と言われる日本経済の衰退の現場だった。

安い労働力を酷使して、経営陣だけが潤うという新自由主義のなれの果てを身を以《もっ》て体験した。労働者が時給九〇〇円や一〇〇〇円で働く社会に、繁栄はなく、後退があるのみだ。

その日本経済も、どこかで反転し、再び上昇することを心から願っている。できれば、新しく潜入取材を目指す人には、そうした再生の現場に潜り込み、希望が生まれる場面を描いてほしいと思う。

この本は、角川新書の編集長である岸山征寛《きしやまゆきひろ》氏との二人三脚で出来上がった。潜入のノウハウを書き残したいという私の話に、岸山氏が乗ってくれたのだった。書きはじめから、脱稿までの間、氏の熱い後押しがあって、ようやくこの本が世に出る。

二〇二四年皐月《さつき》

横田　増生

参考文献

※「潜入取材を含む主な自著」など項目ごとの文献は、出版年数が若い順。「第一章」など章ごとの文献は本文の出順にしている。

【潜入取材を含む主な自著】
『アメリカ「対日感情」紀行』 横田増生 情報センター出版局 二〇〇三年一一月
『潜入ルポ アマゾン・ドット・コムの光と影』 横田増生 情報センター出版局 二〇〇五年四月
『ユニクロ帝国の光と影』 横田増生 文藝春秋 二〇一一年三月
『評伝 ナンシー関 「心に一人のナンシーを」』 横田増生 朝日新聞出版 二〇一二年六月
『仁義なき宅配 ヤマトVS佐川VS日本郵便VSアマゾン』 横田増生 小学館 二〇一五年九月
『ユニクロ潜入一年』 横田増生 文藝春秋 二〇一七年一〇月
『潜入ルポamazon帝国』 横田増生 小学館 二〇一九年九月
『「トランプ信者」潜入一年 私の目の前で民主主義が死んだ』 横田増生 小学館 二〇二二年三月

【アマゾン・ドット・コム関連】
『アマゾン・ドット・コム』 ロバート・スペクター 日経BP社 二〇〇〇年七月
『アマゾン・ドットコム 驚異のウェブビジネス』 レベッカ・ソーンダーズ 三修社 二〇〇三年二月
『アマゾンの秘密』 松本晃一 ダイヤモンド社 二〇〇五年一月

『ジェフ・ベゾス　果てなき野望』　ブラッド・ストーン　日経BP社　二〇一四年一月
『amazon　世界最先端の戦略がわかる』　成毛眞　ダイヤモンド社　二〇一八年八月
『アマゾンの倉庫で絶望し、ウーバーの車で発狂した』　ジェームズ・ブラッドワース　光文社　二〇一九年三月

【宅配便関連】
『ふりむけば年商三千億』　佐川清　読売新聞社　一九八六年一二月
『佐川急便の犯罪』　山本峯章　ぱる出版　一九九二年五月
『よみがえる佐川急便』　松家靖　総合法令出版　一九九五年一一月
『小倉昌男　経営学』　小倉昌男　日経BP社　一九九九年一〇月
『経営はロマンだ！　私の履歴書』　小倉昌男　日経ビジネス人文庫　二〇〇三年一月
『やればわかる　やればできる』　小倉昌男　講談社　二〇〇三年五月
『佐川急便　再建3650日の戦い』「財界」編集部　財界研究所　二〇〇三年七月
『小倉昌男　祈りと経営』　森健　小学館　二〇一六年一月

【ユニクロ関連】
『一勝九敗』　柳井正　新潮文庫　二〇〇六年四月
『ユニクロvsしまむら』　月泉博　日本経済新聞社　二〇〇六年一一月
『成功は一日で捨て去れ』　柳井正　新潮社　二〇〇九年一〇月
『柳井正の希望を持とう』　柳井正　朝日新書　二〇一一年六月

『現実を視よ』　柳井正　PHP研究所　二〇一二年九月
『ユニクロ対ZARA』　齊藤孝浩　日本経済新聞出版社　二〇一四年一一月
『ユニクロ　世界一をつかむ経営』　月泉博　日経ビジネス人文庫　二〇一五年一月
『経営者になるためのノート』　柳井正　PHP研究所　二〇一五年八月
『ユニクロ』　杉本貴司　日本経済新聞出版　二〇二四年四月

【トランプ関連】

"*TrumpNation*" Timothy L. O'BRIEN　Business Plus　2005.
『トランプ自伝』　ドナルド・トランプほか　ちくま文庫　二〇〇八年二月
『熱狂の王　ドナルド・トランプ』　マイケル・ダントニオ　クロスメディア・パブリッシング　二〇一六年一〇月
『トランプ』　ワシントン・ポスト取材班ほか　文藝春秋　二〇一六年一〇月
『ルポ　トランプ王国』　金成隆一　岩波新書　二〇一七年二月
『炎と怒り』　マイケル・ウォルフ　早川書房　二〇一八年二月
『FEAR　恐怖の男』　ボブ・ウッドワード　日本経済新聞出版社　二〇一八年一二月
『ルポ　トランプ王国2』　金成隆一　岩波新書　二〇一九年九月
『RAGE　怒り』　ボブ・ウッドワード　日本経済新聞出版　二〇二〇年一二月

【まえがき】

『自動車絶望工場　ある季節工の日記』　鎌田慧　講談社文庫　一九八三年九月

『最暗黒の東京』　松原岩五郎　岩波文庫　一九八八年五月
『日本の下層社会』　横山源之助　岩波文庫　一九八五年四月
『東京の下層社会』　紀田順一郎　ちくま学芸文庫　二〇〇〇年三月
『ルポ西成　七十八日間ドヤ街生活』　國友公司　彩図社　二〇二〇年一〇月
『流れる』　幸田文　新潮文庫　一九五七年一二月
『工場日記』　シモーヌ・ヴェイユ　ちくま学芸文庫　二〇一四年一一月
『プレイボーイ・クラブ潜入記　新・生きかた論』　グロリア・スタイネム　三笠書房　一九八五年六月
『明治大正昭和　化け込み婦人記者奮闘記』　平山亜佐子　左右社　二〇二三年六月

【第一章】

『職業としてのジャーナリスト』　本多勝一　朝日新聞社　一九八四年三月
『原発ジプシー』　堀江邦夫　講談社文庫　一九八四年一〇月
『ヤクザと原発　福島第一潜入記』　鈴木智彦　文春文庫　二〇一四年六月
『ルポ　精神病棟』　大熊一夫　朝日文庫　一九八一年八月
『アウシュヴィッツ潜入記　収容者番号４８５９』　ヴィトルト・ピレツキ　みすず書房　二〇二〇年八月
『焼け跡は遠くなったか　ある人生派記者の戦後体験ノート』　永井萠二　學藝書林　一九七五年四月
『キムチの匂う街』　永井萠二　太平出版社　一九七九年七月
『挑戦　特ダネを追う一匹狼』　大森実　徳間書店　一九六八年五月

『エンピツ一本　上』　大森実　講談社　一九九二年四月
『私という病』　中村うさぎ　新潮社　二〇〇六年三月

【第二章】
『カナダ＝エスキモー』　本多勝一　朝日文庫　一九八一年九月
『ニューギニア高地人』　本多勝一　朝日文庫　一九八一年一〇月
『アラビア遊牧民』　本多勝一　朝日文庫　一九八一年一一月
『あんな作家　こんな作家　どんな作家』　阿川佐和子　講談社文庫　二〇〇一年三月
『大統領の陰謀』　ボブ・ウッドワード　カール・バーンスタイン　文春文庫　一九八〇年一一月
『ディープ・スロート　大統領を葬った男』　ボブ・ウッドワード　文藝春秋　二〇〇五年一〇月
『一九八四年』　ジョージ・オーウェル　ハヤカワ文庫　一九七二年二月

【第三章】
『事実はどこにあるのか』　澤康臣　幻冬舎新書　二〇二三年三月

【第四章】
『ハーレムの熱い日々』　吉田ルイ子　講談社文庫　一九七九年一月
『アメリカとアメリカ人』　ジョン・スタインベック　サイマル出版　一九七五年
"The Jungle"　Upton Sinclar　Signet Classic　1990.
『ジャングル』　アプトン・シングレア　松柏社　二〇〇九年六月

"*Hunter Thompson's Hell's Angels*" Hunter Thompson Ballantine Books 1967.
『ヘルズエンジェルズ』ハンター・S・トンプソン リトルモア 二〇一一年三月
『冷血』トルーマン・カポーティ 新潮文庫 一九七八年九月
"*The John McPhee Reader*" John McPhee Farrar, Straus and Giroux 1988.
『ビジュアル 経営分析の基本』佐藤裕一 日本経済新聞社 一九九四年三月

【第五章】

『報道被害者と報道の自由』喜田村洋一 白水社 一九九九年五月
『名誉毀損裁判』浜辺陽一郎 平凡社新書 二〇〇五年一月
『報道被害』梓澤和幸 岩波新書 二〇〇七年一月
『名誉毀損 表現の自由をめぐる攻防』山田隆司 岩波新書 二〇〇九年五月
『俺たち訴えられました! ＳＬＡＰＰ裁判との闘い』烏賀陽弘道 西岡研介 河出書房新社 二〇一〇年三月
『スラップ訴訟とは何か 裁判制度の悪用から言論の自由を守る』烏賀陽弘道 現代人文社 二〇一五年六月
『ブラック企業 日本を食いつぶす妖怪』今野晴貴 文春新書 二〇一二年一一月
『死なばもろとも』ガーシー（東谷義和） 幻冬舎 二〇二二年七月
『悪党 潜入３００日 ドバイ・ガーシー一味』伊藤喜之 講談社＋α新書 二〇二三年三月

【第六章】

『書くことについて』　スティーブン・キング　小学館文庫　二〇一三年七月
『ベストセラー小説の書き方』　ディーン・R・クーンツ　朝日文庫　一九九六年八月
『日本語の作文技術』　本多勝一　朝日文庫　一九八二年一月
『日本語練習帳』　大野晋　岩波新書　一九九九年一月
『「超」文章法』　野口悠紀雄　中公新書　二〇〇二年一〇月
『大人のための文章教室』　清水義範　講談社現代新書　二〇〇四年一〇月
『悪魔の飽食』　森村誠一　カッパ・ノベルス　一九八一年一一月
『決定版　ルポライター事始』　竹中労　ちくま文庫　一九九九年四月
『僕らが毎日やっている最強の読み方』　池上彰　佐藤優　東洋経済新報社　二〇一六年一二月
『魔術師　三原脩と西鉄ライオンズ』　立石泰則　文藝春秋　一九九九年四月
『魔術師　決定版　三原脩と西鉄ライオンズ』　立石泰則　小学館　二〇〇二年一一月
『田中角栄研究全記録　上・下』　立花隆　講談社文庫　一九八二年八月
『日本共産党の研究　一・二・三』　立花隆　講談社文庫　一九八三年五、六、七月
『脳死』　立花隆　中公文庫　一九八八年一一月
『宇宙からの帰還』　立花隆　中公文庫　一九八五年七月
『臨死体験　上・下』　立花隆　文春文庫　二〇〇〇年三月

本書は書き下ろしです。
本文中に登場する方々の肩書および年齢は、
いずれも取材ないし執筆時のものです。

横田増生（よこた・ますお）
1965年福岡県生まれ。関西学院大学を卒業後、予備校講師を経て、アメリカ・アイオワ大学ジャーナリズム学部で修士号を取得。93年に帰国後、物流業界紙『輸送経済』の記者、編集長を務める。99年よりフリーランスとして活躍。2017年に「ユニクロ潜入一年」で第23回編集者が選ぶ雑誌ジャーナリズム賞（作品賞）を受賞。20年に『潜入ルポamazon帝国』で第19回新潮ドキュメント賞、「潜入ルポアマゾン絶望倉庫」で第26回編集者が選ぶ雑誌ジャーナリズム賞（作品賞）を受賞。22年に『「トランプ信者」潜入一年　私の目の前で民主主義が死んだ』で第9回山本美香記念国際ジャーナリスト賞を受賞。他著に『潜入ルポ アマゾン・ドット・コムの光と影　躍進するIT企業・階層化する労働現場』『仁義なき宅配　ヤマトvs佐川vs日本郵便vsアマゾン』『ユニクロ潜入一年』など多数。

潜入取材《せんにゅうしゅざい》、全手法《ぜんしゅほう》

調査《ちょうさ》、記録《きろく》、ファクトチェック、執筆《しっぴつ》に訴訟対策《そしょうたいさく》まで

横田増生《よこたますお》

2024年 9月 10日　初版発行
2024年 10月 30日　3版発行

◆◇◇

発行者　山下直久
発　行　株式会社KADOKAWA
〒102-8177　東京都千代田区富士見2-13-3
電話　0570-002-301（ナビダイヤル）

装 丁 者　緒方修一（ラーフイン・ワークショップ）
ロゴデザイン　good design company
オビデザイン　Zapp!　白金正之
印 刷 所　株式会社KADOKAWA
製 本 所　株式会社KADOKAWA

角川新書

ISBN978-4-04-082444-4 C0295

KADOKAWAの新書 好評既刊

「教える」ということ
日本を救う、[尖った人]を増やすには

出口治明

何をどう後輩たちに継承するべきか。「教える」ことの本質と課題を多角的に考察。企業の創業者、大学学長という立場から考え続け、実践してきた著者の結論を示す。各界専門家（久野信之氏、岡ノ谷一夫氏、松岡亮二氏）との対談も収録。

無支配の哲学
権力の脱構成

栗原　康

〝自由で民主的な社会〟であるはずなのに、なぜまったく自由を感じられないのか？　この不快な状況を打破する鍵がアナキズムだ。これは「支配されない状態」を目指す考えである。現代社会の数々の「前提」をアナキズム研究者が打ち砕く。

二〇三高地
旅順攻囲戦と乃木希典の決断

長南政義

日露戦争最大の激戦「旅順攻囲戦」。日本軍は、なぜ失敗を繰り返しながらも、二〇三高地を奪取し、勝利できたのか。そのカギは、戦術の刷新にあった。未公開史料を含む、日記や電報、回顧録などから、気鋭の戦史学者が徹底検証する。

太陽の脅威と人類の未来

柴田一成

静かに見える宇宙が、実は驚くほど動的であることがわかってきた。たとえば太陽フレアでは、水素爆弾10万個超のエネルギーが放出され、1・5億㎞離れた地球にも甚大な影響を及ぼす。太陽研究の第一人者が最新の宇宙の姿を紹介する。

海の城
海軍少年兵の手記

渡辺　清

聳え立つ連合艦隊旗艦の上には、法外な果てなき暴力の世界が広がっていた。『戦艦武蔵の最期』の前日譚として、海戦史の余白に埋もれた、銃火なきもう一つの地獄を描きだす無二の戦記文学。鶴見俊輔氏の論考も再掲。　解説・福間良明